Eduard Wagner 2017

Esipuhe

Voit nähdä sen, miten haluat: Ovatko nämä muistelmat vai onko se vain tapahtumasarja elämässäni. Haluaisin sanoa, että silloin kun koin tämän, uskoin tämän olevan oikein. Minulla ei ollut juurikaan neuvoja sukulaisilta tai ystäviltäni, oliko se oikein vai ei. Mutta aina oli kysymys, olisinko ottanut tämän huomioon. Tietysti seuraavilla sivuilla on aina paikkoja, joissa olen laillisuuden partaalla. Mutta koska nämä olivat jonkin aikaa sitten ja minä henkilökohtaisesti seison sen puolella, mitä tein tai en tehnyt silloin, en näe mitään ongelmia, jos näitä seurauksia ilmenee. Se, onko tämä täyttä vai onnellista elämää, ei ole minusta, vaan lukijasta kiinni, mutta teen lopuksi johtopäätöksen.

© 2021, Eduard Wagner
Tuotanto ja julkaisu:
BoD - Books on Demand, Norderstedt
ISBN: 9783755760764

Perhe 1970

<u>Joulukuuta 1959 vanhempainkoti</u>

Vuoden 1959 lopulla näin päivänvalon Wienissä, vaikka olin siellä, mutta tuskin muistan sitä. Tuli toisena syntynyt, veljeni oli jo 6-vuotias Tonavan švaabiperheessä. Selittääkseni alkuperääni: Toisen maailmansodan lopussa partisaanit karkottivat vanhempani nykyisen Serbian alueelta aseella uhaten ja heidän henkensä oli uhattuna. Koska he kuuluivat etnisiin saksalaisiin (Tonavan swaabit), heidän äidinkielensä oli saksa, mikä tarkoittaa, että he pystyivät puhumaan myös serbokroatiaa. Prinz Eugen asetti tällä hetkellä heidän esi-isänsä silloiseen Jugoslaviaan vahvistaakseen siellä olevaa infrastruktuuria, missä he onnistuivatkin. Toisen maailmansodan myllerryksissä partisaanit ajoivat heidät pois sekä pohjoisesta että etelästä henkensä uhalla. Tähän mennessä he olivat saavuttaneet vaurauden ja maineen, jossa siellä asuvien jugoslavien ja saksankielisen väestön välillä ei ollut minkäänlaista vihamielisyyttä. Vanhempani ja heidän perheensä toivotettiin tervetulleeksi vuonna 1944 sanoilla: Mitä sinä siellä teet? Miksi puhut saksaa niin hyvin? Hiipiä kotiin. Tuolloin se oli vain "ulkomaalaisten" vastaanottoa. Nykyään ei voi enää kuvitella. No takaisin minulle. Minulla oli helppo lapsuus, ainakin 10-vuotiaaksi asti. Isäni harjoitti ammattiaan, jonka hän oli opiskellut jo Serbiassa, ja äitini oli, kuten silloin vielä tapana, kotiäiti. Vanhempieni varojen sallimissa rajoissa sain kaiken leluista polkupyöriin ja vastaaviin. Kävin kesällä veljeni ja äitini kanssa kahdeksi kolmeksi viikoksi majatalossa Etelä-Itävallassa. Isäni, koska hän joutui työskentelemään arkisin taloudellisista syistä, tuli meille perjantaina mopolla ja viipyi sunnuntaihin asti. On huomattava, että isäni sai ajokorttinsa vasta vuonna 1972. Samaan aikaan tutustuin myös perheeseen, joka asui eläkkeen lähellä. Tässä oli kaksi tytärtä, yksi viisi vuotta nuorempi ja toinen vuoden vanhempi. Tarkoittaa, että vanhempi on jo tavannut minut vaippojen kanssa.

Syyskuuta 1966 koulu

Kouluurani aloitus. Ala-asteella olin vain poikien luokassa. Silloinen Pädagista valmistunut esitteli itsensä opettajana. Hän oli noin 25-vuotias ja kaunis nainen siinä iässä, sikäli kuin pystyin sanomaan. Muistan vieläkin erään anekdootin, joka järkytti minua melkoisesti tuolloin. Koulupäivieni alussa tulin äitini luo ja kerroin hänelle seuraavan: Sinä, äiti, opettaja maalasi hänen sormensa kirkkaan punaisiksi. Kuinka voit tehdä jotain sellaista? Taustalla oli se, että opettaja Ulrike oli maalannut vain kynnet, mikä ei silloin ollut minulle vielä arkipäivää. Luulen, että äitini kääntyi tuolloin kyljelleen ja hänen täytyi todennäköisesti hymyillä, minkä jälkeen hän selitti minulle, mistä tässä oli kyse. No, valmistuin peruskoulusta erittäin hyvillä arvosanoilla, maalausta ja piirtämistä lukuun ottamatta. Mutta kunnioitin myös "naisopettajaa", joka rankaisi loukkauksista "nurkassa seisomisella". Koulutie, silloin kaikki oli vielä kävellen, oli aina haaste, sillä koulukavereita oli aina yksi, kaksi tai kolme, joiden kanssa jalkakäytävällä jongleerattiin.

Syyskuu 1970 lukio

Sen jälkeen, kun haaveilin tässä iässä unelmatyöstä "lääkäri" ja peruskoulututkintoni oli sen mukainen, vanhempani rekisteröivät minut naapuripiiriin lukioon. Vuonna 1969 isäni oli palauttanut lisenssinsä soodavesipullojen korjaukseen, koska se ei ollut enää kannattavaa, ja hän kääntyi myöhemmin uuteen työhön, nimittäin päivälehtien myyntiin. Tämä tarkoittaa, että hän myi maamme suurimman sanomalehden kolportöörinä illalla noin klo 23 asti osastolla. Koska tämä oli puoliksi kannattavaa, äitini alkoi myös myydä sanomalehtiä. Tällä he saivat vuosien varrella säästää itselleen paljon rahaa, me molemmat, eli veljeni ja minä, hyvinvointia ei unohdettu. No, nyt olin humanistisen lukion ensimmäisellä luokalla. Maanantaisin oli aina matematiikkaa ja englantia peräkkäin. No, se meni hetkeksi puoliväliin, mutta hetken kuluttua sairastuin ja vanhempani kirjoittivat minulle vahvistuksen, että olen sairas. Mutta koska opetushenkilökunta ei ottanut tätä paperia minulta, pidin sen. Nyt maanantai englannin ja matematiikan kanssa muuttui minusta yhä vastenmielisemmäksi, joten sain ajatuksen mennä "siniseksi" jonain toisena maanantaina ja olla menemättä kouluun. Sitten esitin vanhempieni allekirjoituksella vahvistuksen, että olin itse sairas. Koska kyse oli enimmäkseen samoista sairauksista ja allekirjoitus ei ollut enää paras, niin kävi niin kuin piti. Yhtäkkiä vanhempani saivat kutsun tulla kouluun. Tietysti heiltä kysyttiin puuttuvista päivistäni ja niistä johtuvista arvosanoista, ja he olivat sen mukaisesti yllättyneitä tai pettyneitä minuun. Seurauksena oli, että koulu tuomitsi minut "kataklysmiin" (4 tuntia rangaistusten kirjoittamista yksin koulussa). Tietääkseni tämän tyyppistä rangaistusta ei ole enää olemassa. Lopulta lukuvuosi päättyi kahdella viidellä. Tämä tarkoittaa, että minun piti toistaa 1. luokka, kuten silloin vielä vaadittiin.

Syyskuuta 1971 sisäoppilaitos

Tämän minulle ratkaisevan tapahtuman jälkeen perheneuvosto kokoontui vanhempieni ja 17-vuotiaan veljeni muodossa. Pitäisi lähettää etukäteen, että isäni oli muutaman vuoden saksankielisessä sisäoppilaitoksessa kouluaikansa Serbiassa. Siten annettiin neuvoja, mihin kouluun minun pitäisi jatkaa. Koska minulla ei tietenkään 11-vuotiaana ollut aavistustakaan tai rajoitin vain sitä, mikä minua odottaa, minun oli hyväksyttävä perheneuvoston päätös. Koska minut kastettiin protestantiksi syntymästä lähtien, ilmoittautumistani katolisiin sisäoppilaitoksiin, kuten Strebersdorfin kouluveljiin, ei hyväksytty. Tämä päätös merkitsi sitä, että menin sisäoppilaitokseen 13. piirissä, johon kuului myös humanistinen lukio. Riitelin tämän päätöksen kanssa vanhempieni puolelta pitkään, koska olin enemmän tai vähemmän suljettuna sinne sunnuntai-illasta lauantain puoleenpäivään. Jos olin "rikkinyt" jotain viikon aikana, ei tietenkään ollut lopputulosta viikonloppunakaan. Onneksi näin oli harvoin 13. kaupunginosassa. Yksi asia oli mielenkiintoinen tässä talossa, koska tämän laitoksen johtaja oli Adalbert Stifterin pojanpoika (hänen nimensä oli sama). Tämä ohjaaja oli innokas piippupolttaja, jossa savu haisi koko rakennuksessa, ja yhä voimakkaammin tiesimme vaaran olevan välitön. Vietin 3 vuotta Himmelhofissa, niin siellä oleva sisäoppilaitos nimettiin. Sitten muutin samannimiseen sisäoppilaitokseen 2. piiriin saman ohjaajan Franzin kanssa, mutta siellä oli samat tavat kuin 13. piirissä. Tämä tarkoittaa, että jos minulla oli väärinkäytöksiä viikon aikana, sain tahattomasti viettää viikonlopun rangaistuksen kanssa sisäoppilaitoksessa. Koska valvonta siellä ei ollut kovin suurta ja olen tietysti myös vanhentunut, niin sisäoppilaitoksessa oli usein viikonloppuja. Tuolloin, 13-vuotiaana, tein tupakan tupakan, mikä johti myös siihen, että jouduin jäämään kotiin. Tämä ystävyys nikotiinin kanssa on säilynyt minussa tähän päivään asti. Koko homma sujui kohtuullisen hyvin 4. luokalle asti ja sitten saimme juuri opinnot päättyneen Kärntenin biologian opettajan. Meille 14-15-vuotiaille opiskelijoille hän oli tietysti haaste murrosiän kannalta, sillä hän oli komea nainen, jolla oli vastaava vartalo. Niinpä annoin itseni viedä oppitunnin aikana yhteen lauseeseen, joka ansaitsi minulle huonoimman arvosanan käytöksestä. Lisäksi keräsin eri kohteista huonoimpia arvosanoja, joten jouduin toistamaan 4. luokan. Tämä oli onnistunut ja koska tätä ei enää kotona opetettu, minun piti mennä naapurialueen humanistisen lukion 5. luokalle. Koska halusin silti lääkäriksi, oletin käyttäväni muinaista kreikkaa, koska pidin myös latinan kielestä kovasti. Tuolloin oli mielenkiintoista, että päädyin ensimmäistä kertaa sekaluokkaan, mutta tyttöjä oli vain 6 ja loput pojat. Ensimmäisellä lukukaudella olin vielä hieman innokas oppimaan, mutta koska en pitänyt antiikin kreikasta ollenkaan, arvosanat näyttivät vastaavalta. Se ei jäänyt pelkästään tähän aiheeseen, joten minun olisi pitänyt toistaa luokka, mutta se ei ollut enää mahdollista silloin. Joten vanhempani päättivät, koska olin nyt 17-vuotias, että aloitan oppisopimuskoulutuksen. Kun olin noin 16-vuotias, kun olin vielä sisäoppilaitoksessa, minua lähestyi Ernst, joka oli äitini ystävän poika, enkö haluaisi mennä kansantansseihin joka perjantai-ilta. Se oli tietysti vaikea tehtävä sisäoppilaitoksessa, koska sieltä poistuminen ei aina ollut niin. Lopulta sain vihdoin mennä ulos perjantaina klo 18-22. Kansantanssia pidettiin Tonavan švaabien kodissa 3. kaupunginosassa. Kun saavuin sinne, löysin noin 30 nuorta miestä ja naista, joista olin yksi nuorimmista. Tonavan syntyperäinen švaabi esitteli itsensä johtajana, joka harjoitteli kanssamme kansantansseja. Mutta koska olin tanssimisen suhteen selkeästi antilahjakkuus, myös tällä miehellä oli vaikeuksia opettaa minulle se. Muistan vieläkin jakson, jossa ohjaaja otti reideni käteensä, koska en ymmärtänyt vuorottelevan askeleen järjestystä. Todennäköisesti mikään ei ole muuttunut tähän päivään mennessä. Tänä iltana opiskelimme kansantansseja 8-10 parin kanssa, joita esitimme sitten tammi-helmikuun pallokaudella. Ajan myötä muodostui samanikäisten ihmisten ryhmä, joka kävi keilailemassa kahdesti viikossa Wienin Praterissa. Tämä tarkoittaa harjoittelua kerran viikossa ja mestaruutta perjantaina. Koska meillä oli sponsori, laivayhtiö, se ei maksanut meille liikaa. Noin 1982 7 miestä ja naista purjehti tämän yrityksen kanssa 10-miehen purjelaivalla Splitistä Dubrovnikiin kesällä. Joka päivä, sillä viikolla menimme saarelle, pidimme tauon ja ajoimme sitten eteenpäin. Se oli upea kokemus

Elokuu 1972 viikonlopputalo

Kun isäni ammatinvaihto vuonna 1969 oli onnistunut säästämisen kannalta, he pystyivät säästämään itselleen melkoisen määrän rahaa. Nyt vanhempani lähtivät etsimään pientä viikonloppuasuntoa Ala-Itävallasta. He löysivät etsimäänsä eteläiseltä Wienin altaalta kunnasta, jossa on noin 10 000 asukasta. Ensimmäinen näkemys vaikutti vanhempani kaupaksi, mutta he eivät voineet kuvitella, mitä seuraavaksi tapahtui. Minulle 12-vuotiaana se oli tietysti ilo, sillä tontilla oli runsaasti hedelmäpuita ja pensaita, jotka sain polttaa sahauksen jälkeen, jotta myös vuodelta 1930 peräisin oleva rakennus näkyi. Muistan, että hetken kuluttua polttaminen vähän vaivasi naapureita, tuolloin tämä oli vielä sallittua. Mutta kyllä, olimme "wieniläisiä", jotka tulivat Ala-Itävaltaan laajentumaan. Puut ja pensaat hävitettiin ja talo näkyi. Sen haittana oli, että sitä ei ollut käytetty vuosiin ja se oli siksi autiossa kunnossa lattian ja ullakon kanssa. Kun olin polttanut kaiken, otin pyöräni ja tutkin aluetta siihen kuuluvine vuorineen ja jouduin ajamaan työläisasutuksen ohi uudestaan ja uudestaan. Eräänä päivänä eräs kaveri, joka oli juuri paikalla, kysyi minulta, voisinko nousta pyörältäni ja istua hänen kanssaan. Tein niin kuin hän oli pyytänyt ja istuin hänen kanssaan. Sitten tuli lisää poikia ja mielenkiintoinen keskustelu kehittyi. Tästä tapaamisesta syntyi vähintään kymmenen vuoden ystävyys ja teimme joka viikonloppu jotain erilaista. Vasta vuosien kuluessa kumppanit liittyivät, jokainen näistä ystävistä muutti jonnekin muualle Ala-Itävaltaan ja ystävyyssuhteet hajosivat.

Talo remontin jälkeen

Ensimmäinen suudelma 1972

Koska vanhempani halusivat aina lähteä lomalle kesällä, he kysyivät Wienin evankelikaalisesta kirkosta, että koko perheellä oli sama usko. Tämä johti lomailemaan koko perheen kanssa Steiermarkissa. Emme olleet ainoa perhe siellä, ihmisiä oli noin 50. Teimme joka päivä kaikilla retkillä ja vaelluksilla, jotka olivat aina mukavia. Eräänä päivänä palasimme retkeltä vähän aikaisemmin, Angela puhui minulle, hän oli noin vuoden minua nuorempi. Hän kertoi löytäneensä hornetin pesän talomme ullakolta ja pelkäsi katsoa sitä uudestaan yksin, pitäisikö minun tulla mukaan. No miksipä ei, mitään ei voi tapahtua. Kun seisoimme tämän pesän edessä, hän yhtäkkiä kääntyi ympäri ja suuteli minua huulille. Olin kauhuissani, vain äitini sai tehdä niin, eikä kukaan muu saanut tehdä sitä. Mutta pidin sen kuitenkin omana tietonani.

Talvi 1975 myynti

Koska veljeni halusi ansaita jotain pankkivirkailijan palkan lisäksi, hän ajoi 10. kaupunginosassa ravintolasta toiseen ja myi siellä suurimman päivälehden. Mutta koska olimme yksi sydän ja yksi sielu, kunnes hän oli noin 20-vuotias, hän sanoi, että voisin myydä sanomalehtiä ja ostaa taskurahani. Tätä varten seisoin kävelyalueella 10. kaupunginosassa keltainen takki yllään ja ylisti sanomalehtiäni. Sitten selvitimme tilit 10-15 sanomalehdelle illalla. Ei ollut kovin kannattavaa, mutta, kuten sanoin, taskurahaani lisättiin.

Syyskuu 1977 oppisopimus

Isäni tunsi tuolloin tunnetun 16. kaupunginosan suuren päivittäistavarakaupan ja tuottajan henkilöstöpäällikön, joten aloitin oppisopimuskoulutuksen toimistovirkailijana. Ensimmäisenä tein töitä tukkukaupan kirjanpidon parissa. Löysin sieltä neljä yli 50-vuotiasta miestä. Tämän osastopäällikkö oli valtuutettu allekirjoittaja. Mutta koska olin juuri tullut sisäoppilaitoksesta aiemmin, nautin takaisin saadusta vapaudestani. Tämä näkyi siinä, etten ollut niin tiukka yöunien suhteen vapaa-ajallani. Se tarkoittaa, että nyt kun minulla oli Wienissä Ernst-niminen ystävä, lähdimme melkein joka ilta illalla. Kotiinlähtö oli tietysti myöhässä. Joten työsuoritukseni seuraavana päivänä oli sen mukainen. Toimitusjohtaja, jolle istuin selkäni, koputti pöytää uudestaan ja uudestaan kuulakärkikynällä, jotta voisin jatkaa työskentelyä. Ajan mittaan vain 100-200 lähetysluettelon lisääminen kokonaisen päivän aikana kävi kuitenkin minulle liian tylsäksi, joten päätin keskustella pomoni kanssa siitä, voisiko minut siirtyä toiselle osastolle ryhmässä. Pyyntööni hyväksyttiin ja minut siirrettiin teeosastolle. Siellä tapasin nuoren lähettäjän ja hänen pomonsa oli valtuutettu allekirjoittaja. Täällä en oppinut liikaa toimistovirkailijasta, mutta vanha johtaja opetti minulle paljon teestä. Jouduin siis järjestämään teen maistelua joka aamu, joka kävi läpi aivan erityisen rituaalin: Joten aloitin laittamalla vähintään 10 kulhoa kuumaa vettä ja sen jälkeen sallin vain 2 grammaa teetä lisätä. Sitten herrasmies meni läpi ja siemaili jokaisesta kulhosta, piti sitä suussaan ja antoi sen valua makuhermojensä yli. Tällä käsittelyllä hän pystyi määrittämään tämän teen laadun ja sitten tilattiin vastaava määrä. Työssäni tällä osastolla lisättiin automaattinen järjestelmä teepussien valmistukseen, mikä kiehtoi minua suuresti, koska toiselta puolelta toimitettu tee oli suurissa laatikoissa ja lopussa valmiina 20-25 teepussia. tuli ulos pakattuna. Mutta koska opittavani oli rajallista, halusin palata uudelle osastolle ja niin tulin tuoretuotteiden osastolle noin 18-vuotiaana. Sieltä valmisteltiin päivittäin hedelmä- ja vihannestoimitukset 250 oksalle. Tätä varten yksittäisten liikkeiden piti tietysti ottaa tilauksia puhelimitse joka päivä. Koska olin nyt saavuttanut sen iän, että sain nuorisosuojelulain mukaan tehdä ylitöitä, ilmoittautuin sunnuntain jumalanpalveluksiin, joista maksettiin asianmukaisesti. Kollegani olivat melko paljon minun ikäisiäni, joten ystävyyssuhteita syntyi pian. Joten silloin tällöin kävimme juomassa sunnuntaitöiden jälkeen, kunnes joku sanoi, että hänellä oli mukanaan jotain, jota voi syödä vain suljetuissa tiloissa. Niin naiivi kuin silloin olin, menimme asuntoon ja istuimme lattialla paikkojen puutteen vuoksi. Yhtäkkiä mainittu kollega otti tupakan taskustaan, sytytti sen ja antoi eteenpäin. Aavistamatta, minä, kuten muutkin, vedin tämän oletetun savukkeen puoleen. Sitten kun se poltettiin, minulle ilmoitettiin, että tämä oli nivel. Yhteenvetoni siitä oli hyvä, herkkäuskoisuuteni ja ennen kaikkea en ollut tuntenut mitään, joten asia ratkesi puolestani enkä enää koskaan koskenut sellaiseen.

Syyskuu 1978 Ensimmäinen asunto

Kun veljeni oli noin 21-vuotiaana sanonut, ettei hänellä enää ole vaimoa ja että hänellä on jo oma asunto, sain pienen, noin 35 neliömetrin asunnon samasta talosta, jossa vanhempani asuivat Wienissä. Samaan aikaan alkoi kuitenkin myös se, missä jouduin kamppailemaan noin 30 vuotta. Toisaalta minulla oli kertaluonteisia ystäviä viikonloppuna Ala-Itävallassa ja ystävä Wienissä. Tällä viimeisellä menin ulos lähes joka päivä viikon aikana ja niin kävi niin, että emme tehneet paljon erilaisia asioita. Kävimme sitten enimmäkseen baareissa, joissa sai pelata korttia. Mutta koska tästä tuli vähän tylsää ajan myötä, päätimme pelata rahasta. Mutta sekään ei täyttänyt, joten näimme paikallisissa koneissa koneita, joihin voit laittaa rahaa ja voittaa. Tuolloin heitä kutsuttiin yksikätisiksi rosvoiksi, joita löytyi kaikkialta Itävallasta. Kyllä, alussa oli aina pienempiä tai suurempia voittoja, mutta ajan mittaan se oli tietysti alijäämää. Ennen kaikkea huomasin, että tällaisia laitteita oli saatavilla myös Ala-Itävallassa. Ja niin riippuvuuteni alkoi, ei todellakaan heti, mutta ajan kuluessa olin ylittänyt rajan, jota en ollut tietoinen.

Toukokuu 1978 värisokeus

Tuolloin minun piti mennä Itävallan asevoimiin valmisteluun. Tuolloin minulla ei ollut terveysongelmia, mutta sitten minulle esitettiin erivärisiä pisteitä sisältävä kortti ja minua pyydettiin lukemaan siitä numero ja kirjain. Mutta en voinut tehdä tätä, vaikka katsoisin karttoja eri näkökulmista. Toisin sanoen, havaittiin, että olen värisokea, nimittäin punavihreäsokea. Komissio on kuitenkin päättänyt, että olisin täysin pätevä. Puoli vuotta myöhemmin halusin isäni kanssa hankkia moottoripyörän ja auton ajokortin. Tätä varten minun piti kuitenkin kestää myös koe. Minulle esitettiin muun muassa toinen värikortti, josta en taaskaan voinut lukea mitään. Sitten he sanoivat, että minun pitäisi käydä lisätutkimuksissa, mukaan lukien reaktiotesti vastaavassa johtokunnassa ja psykologinen testi 3. piirissä. Tämä psykologinen testi oli noin 20 sivua pitkä ja sitä oli tylsä täyttää, koska minulta puuttui sen mielekkyys. Väitteeni, jonka myös esitin, oli, että olen täysin pätevä ja minulla ei saa olla ajokorttia, no sitten ammun sinut, koska en osaa päättää punaisen ja vihreän välillä. Tietääkseni vain liikennevalon punainen on aina samassa paikassa. Sain vihdoin ainakin auton ajokortin, moottoripyöristä luovuin, vaikka minulla oli 2 mopoa 16- ja 17-vuotiaana, enkä koskaan joutunut niillä onnettomuuksiin.

Lokakuu 1980 Liittovaltion armeija

Lokakuun alussa suoritin asepalvelukseni Itävallan asevoimissa Martinekin kasarmissa (eläke?). Ensimmäiset kuusi viikkoa olivat perusharjoittelua ja myös uuvuttavaa. Kun oli syntymäpäiväni joulukuun alussa, olin päivystyksessä, kaikesta huolimatta, ja se on yleisenä vapaapäivänä. Tämä tarkoittaa, että päivystävä vartija oli antanut noin 15 henkilölle jokaista 20 patruunaa. Nyt minun täytyi istua pöydän ääressä ja odottaa käskyä, eli kävellä kasarmin ympäri. En tiedä miten, mutta yhtäkkiä pöydällä oli 2 litran pullo valkoviiniä ja toverini kannustivat minua syntymäpäivänäni. Kyllä, mutta valitettavasti se ei ollut ainoa pullo, jonka söimme. Tämä tarkoittaa, että seuraavalla tarkastuskierroksella kasarmialueella polku kapeni ja kapenee ja lopussa jouduin purkamaan kiväärini porsaanrei'issä 20 patruunaa. Itse en ollut onnistunut tekemään tätä, toveri auttoi minua. Koko asia jäi rankaisematta paitsi pakollinen raportti seuraavalla varoituksella. Ensimmäisen kuuden viikon jälkeen minut määrättiin lehdistöpäällikön toimistoon. Tämä päällikkö oli siellä aamulla, mutta lähti sitten toimistosta ja tuli takaisin tuntia ennen työn loppua. Työni siellä oli etsiä suvereenia koskevia raportteja erilaisista päivälehdistä. Se ei ollut aikaa vievä tehtävä, vaan se valmistui melko nopeasti. Joten pystyin saamaan kiinni siitä, mitä minulla oli hyvin vähän yön aikana, nimittäin nukkumaan. Kun muutin lokakuussa, olin 65 kiloa jaettuna pituuteeni. Kasarmin alueella opin tuntemaan Badenin viiniä, koska en ollut tuntenut sitä aiemmin. Kun riisuin aseista 8 kuukauden jälkeen, painoin en 65, vaan 72 kiloa, jota en ollut ylittänyt tähän päivään mennessä.

Syyskuu 1980 ammatti

Olin suorittanut oppisopimuskoulutukseni toimistovirkailijana onnistuneesti, asepalveluksen vähemmän menestyksekkäästi, joten mietin itsekseni, kuinka jatkaa. Nyt kiinnostuin iltakursseista ja aloitin kirjanpitäjäkurssin, joka osoittautui pian vääräksi minulle. Joten huomasin, että tietokoneilla on tulevaisuus, ja vuosina 1980-1981 kävin ohjelmointikursseilla Wienissä, joka kävi joka ilta klo 18.00-22.00. Suoritin tämän ainakin Pascalin tenteillä, Cobolissa en läpäissyt. Todistuksilla tarkoitin, että minulla oli paremmat mahdollisuudet työmarkkinoilla, ja elokuun lopussa 1981 erosin työstäni päivittäistavarakaupassa. Sain heti taas työpaikan toimistovirkailijana putkia ja kytkinkoteloita valmistavassa yrityksessä, joka sijaitsi 5. kaupunginosassa. Noin vuoden kuluttua muutimme 11. piiriin, jossa sijaitsi myös tämän yrityksen tehdas. Siellä minulla oli sympaattinen vanhempi kauppatieteiden kandidaatti, joka oli yrittänyt kerta toisensa jälkeen inspiroida minua. Mutta kun hän jäi eläkkeelle, hänen seuraajakseen tuli naisinsinööri. Tavoitteena oli säästää, ja niin tapahtui, että minut erotettiin kahden vuoden ja yhdeksän kuukauden jälkeen. Tuolloin oli vielä erokorvaus vähintään kahdella palkalla, mutta vasta kolmen vuoden jälkeen yhtiössä. Joten minun piti etsiä ympärilleni uutta työpaikkaa ja sain tietää siitä päivälehdistä. Sitten löysin työpaikan, jossa esivalinta tehtiin testipsykologisesta instituutista. Joten tulin tähän instituuttiin toukokuun alussa 1984, ja minulle esitettiin 20-sivuinen nippu kokeita täytettäväksi. Tein muutaman merkinnän tähän paperiin, ajattelin itsekseni, että olin jo pitänyt näitä paperiarkkeja kädessäni. Ja juuri niin se oli, vuosia aiemmin minun piti käydä samassa kokeessa saadakseni ajokortin ja sinä päivänä hakeakseni töitä. Kuulostaa vähän oudolta. Tietojeni arvioinnin jälkeen minua pyydettiin haastatteluun 8. piirissä. Tehtävän edellytyksenä oli, että kyseessä oli vain vuoden pituinen vanhempainvapaan sijainen. Siellä minun piti tilittää Ala-Itävallan tutkimuskeskuksessa työskennelleet stipendiaatit ja myös huolehtia pankkikirjasta. Mutta koska koko homma oli minulle vähän liian pieni haaste, tähtäsin jatkotehtäviin. Näitä olivat rahoitus, budjetti ja omaisuuslaskenta. Opittuja tietokonekieliä, jotka olin hankkinut vuosia aiemmin, ei käytetty, koska olemassa oleva "ohjelmoija" esti sen. Niinpä ensimmäinen äitiysloman vuosi päättyi ja silloinen pomoni, jonka kanssa minulla oli nyt kivi hallituksessa, jatkoi sopimustani epäröimättä. Mutta koska 8. kaupunginosan toimisto suljettiin noin vuoden kuluttua tähän yritykseen liittymisestä (puolijulkinen), meidän piti muuttaa Ala-Itävaltaan. Meillä oli mahdollisuus käyttää yrityksen bussia Wienistä. Mutta työ alkoi vasta 8.30 ja se oli liian myöhäistä minulle. Joten puhuin kollegalleni, että ajaisimme yhdessä töihin toisella autollani. Näin tehdessään hän osallistui matkakuluihin. Se tarkoittaa sängystä nousemista joka työpäivä klo 6, ajamista 35 km ulos ja 35 km takaisin illalla säästä riippumatta. Mutta koska arvostin tätä työtä Ala-Itävallassa ollenkaan, hyväksyin sen. Siellä viettämäni aika ei ollut pelkästään ammatillista, vaan myös henkilökohtaisesti sitä kokemusrikasta työtä, jota minulla oli elämässäni, varsinkin kun olin oppinut siitä paljon. Kirjanpidossa se oli sen laitoksen nimi, jossa työskentelin, siellä oli noin 15 naista ja vain 2 miestä, mikä aluksi vaikutti minuun vähemmän. Vuosien varrella ystävystyin kuitenkin kollegani kanssa, joka työskenteli kahden huoneen päässä. Hän oli noin 2 vuotta nuorempi ja melko älykäs, asui lähellä työpaikkaa vanhempiensa kanssa kahden perheen talossa. Kuten sen piti tulla, niin ystävyydestä tuli enemmän. Suurimman osan ajasta asuin hänen kotonaan, mutta palasin edelleen asuntooni Wienissä. Sitten eräänä päivänä hän kertoi minulle olevansa raskaana. Olin silloin noin 26-vuotias, ja hän piti velvollisuuteni kosia häntä, koska hän suostui. Etsimme jo kirkkoa tai maistraattia ja suunnitelimme häiden päivämäärää. Seurassa tietysti salaa huhuttiin, että jotain oli meneillään mistä en oikein pitänyt. Kuitenkin, koska häneltä se oli vain toteamus raskaudesta, enkä nähnyt tai kuullut mitään muuta kuukausien aikana, aloin epäillä pitääkö tämä paikkaansa. Nyt lisäksi kollegoiden "paineet" kasvoivat ja lisääntyivät. Niinpä vuoden 1987 lopussa päätin erota tehtävästäni kolmen ja puolen vuoden jälkeen ja antaa hänen olla yrityksen etusijalla, koska hänen pätevyytensä oli huonompi kuin minun. Tietenkään ei myöskään sovittu kahdesta palkasta, koska olin itse eronnut. Tarkistin tyttöystäväni väitetyn raskauden tuolloin jonkin aikaa myöhemmin, mutta hän ei todennäköisesti ollut koskaan raskaana. Olin pahoillani tästä paikasta, koska olin oppinut paljon, vaikka olosuhteet eivät aina olleet parhaat.

Tammikuuta 1988 isän palveluksessa

Koska isäni täytti tänä vuonna 58 vuotta, päätin ryhtyä töihin hänen palvelukseensa toimistovirkailijaksi, mikä tarkoittaa, että olin tässä vaiheessa enemmän tai vähemmän itsenäinen ammatinharjoittaja, koska isä ei voi tehdä liikaa pojalleen. Koska minulla oli kirjanpito ammattikoulussa, päätimme, että teemme kirjanpidon itse. Veroneuvojamme tehtävänä oli vain laatia vastaava veroilmoitus tai tase ja toimittaa se verovirastolle. Vuonna 1989 sama veroneuvoja sanoi, että taseessa oleva S 0,25 oli vain Mikki Hiiren summa, joten sillä ei ollut merkitystä. Niinpä päätimme hänen kanssaan sopimuksen ja tein seuraavat vuodet itse tuloveroilmoitukset ja niistä johtuvan taseen, jonka ainoa huono puoli oli tietysti se, että minulla ei ollut kokemusta asiasta. Joten seuraavana vuonna sain kirjeen toimivaltaiselta verovirastolta. Kun avasin sen, luin 1,5 miljoonan shillinkisen jätemäärän. Onneksi istuin, kun avasin tämän kirjeen. Tein pilkkuvirheen täyttäessäni vastaavaa lomaketta. Noin 4-5 tapaamisen jälkeen korjasin asian. Tänä aikana minulla oli noin 100 kolportööriä (asiakasta), jotka minun piti toimittaa joka päivä, harva ehti tulla 20. kaupunginosan toimitiloihin. Selitettäväksi kolportööri oli henkilö, joka myi päivälehtiä illalla tai aamulla värillisissä takkeissa aukioilla, rautatieasemalla ja kaduilla. Minulle heitä pidettiin aina itsenäisinä kauppiaina. Tämä tarkoittaa sitä, että he ostivat minulta aikakauslehtiä eli aikakauslehtiä tietyllä alennuksella ja myivät ne sitten kiinteään loppuhintaan, joka on ilmoitettu kunkin tuotteen kohdalla. Tämän toimialan haittana on 100 prosentin palautusoikeus. Jos asiakas osti minulta 10 lehteä ja myi niistä vain 5, hän pystyi palauttamaan loput 5 kpl minulle, kun lehti oli uusi, ja ne sitten hyvitettiin. Tietysti minulla oli oikeus myös tavarantoimittajiini, kuten tukkukauppiaisiin ja kustantajiin. Koko hommaan liittyi tietysti valtavasti aikaa ja ennen kaikkea vastaavien laskujen tarkka hallinta. Näin ollen 50–60 tunnin työviikko ei ollut poikkeus, vaan pikemminkin sääntö. Syyskuu 1992 itsenäinen ammatinharjoittaja Isäni oli tänä vuonna 62-vuotias, ja minun piti esittää paljon väitteitä siitä, että hän oli vihdoin jäänyt eläkkeelle 47 vuoden maksujen jälkeen. Se ei olisi saanut häntä kovinkaan taloudellisesti. Niinpä otin tämän aikakauslehtitukkukaupan haltuuni kahdella kauppaluvalla, muuta tietä ei silloin ollut. Tarkoittaa kahta kamarjaoston jäsenyyttä ja sen seurauksena kahta maksua siitä. Sitten kaksi tai kolme vuotta myöhemmin kilpailija ilmestyi. Tämä herra Robin sai tilaisuuden perustaa oma kolportti pienemmästä päivälehdestä. Toisin sanoen hän tarjosi useille ulkomaalaisille takkeja ja päivälehtiä ja jakoi näitä ihmisiä kaikkialle Wieniin. Ajan kuluessa sain kuitenkin tietää, että tämä mies ei antanut ihmisille paikkoja ilmaiseksi, vaan vaati jokaiselta henkilöltä 5-6-numeroisen shillingin suuruisen talletuksen ja sen jo ennen kuin hänelle oli määrätty paikka. Koska tämä oli tietääkseni vain harvakseltaan kirjoitettu kirjallisesti, epäilin jo tässä vaiheessa, että tämä menee jossain vaiheessa pieleen. Koska tämä ei koskenut minua kovinkaan paljon, annoin hänen hallita. Sitten eräänä päivänä hän tuli luokseni ja sanoi, että voimme tehdä vastasopimuksia, mitä minulla ei ollut vastaan. Sain aikakauslehtiä joiltakin wieniläisiltä kustantajilta hyvillä ehdoilla, eikä se ollut kovin erilaista hänen kanssaan. Tämä meni hetken hyvin, hän toimitti minulle, minä hänelle ja se kompensoitiin. Mutta eräänä päivänä se ei ollut valtava määrä saada, puhelin soi ja Robin oli linjalla. Hän sanoi, että olen vielä velkaa hänelle jotain ja että hän halusi vaatia sen. Se sai minut niin vihaiseksi, että sanoin luopuneeni pyynnöstäni enkä halunnut kuulla hänestä enää. Kyllä, se oli vain minun toiveeni. Hän palkkasi yhä enemmän arabeja, pakistanilaisia ja intialaisia ja meni sitten lopulta kahden päätoimittajani luo. Taustalla on se, että kun aloin työskennellä aikakauslehtien tukkuliiketoiminnassa, puhuin näiden kahden toimittajan kanssa saadakseni 4,9 % suuremman alennuksen. Tämä tarkoittaa 28,2 prosentin sijaan korkeampaa 33,1 prosentin bruttoprosentilla. Pyyntööni se jäi vastaamatta, vaikka ajoin yhden toimittajan pääkonttoriin Salzburgiin, jolloin olin saavuttanut alennuksen korotuksen noin 10 vuotta myöhemmin. Herra Robin meni näiden kahden toimittajan luo millä hyvänsä ja sai heti suuremman alennuksen, mikä yhteys oli minulle selvä, mutta en anna tätä minulta.

Liiketilat 20. kaupunginosassa isän kanssa

Marraskuuta 1988

Olin nyt 28-vuotias, ala-itävaltalaiset ystäväni olivat eronneet eri puolille liittovaltiota, osittain ammatillisista syistä, osittain kumppanuussyistä, joten olin yksin. Oli jälleen kerran niin tylsä lauantai ja sitten mieleeni tuli ajatus, että siellä 30 kilometrin päässä asuu kaksi tyttöä, jotka tunsin jo lapsuudestani, kun vietin kesän veljeni ja äitini luona Ala-Itävallassa. Joten istuin autooni ja ajoin tähän 800 ihmisen kaupunkiin. En löytänyt vain kahta tyttöä, vaan 3. Vanhemman naisen ystävä oli kylässä. Hetken kuluttua tein ehdotuksen, että voisimme mennä tanssimaan. Ystävä sanoi olevansa väsynyt ja hänen piti mennä kotiin miehensä luo. Joten minulla oli kaksi jäljellä ja jonkin ajan meikin ja muotoilun jälkeen aika oli koittanut. Ajoimme autollani noin 60 kilometriä naapurialueelle, alueella oli hyvin vähän tässä suhteessa. No nyt istuin siellä diskossa kahden tytön kanssa, joista toinen viisi vuotta nuorempi ja ei välttämättä kaunis, ja toinen vuoden vanhempi ja melko "pukeutunut". Nyt minulla ei ollut muuta vaihtoehtoa kuin tanssia vuorotellen toisen kanssa ja sitten toisen kanssa, ja se minulle, kun olin niin lahjakas tanssija. Illan aikana, kello oli jo puolenyön jälkeen, 13. marraskuuta, kun istuin pöydässä, huomasin, että yksi polvi törmäsi jatkuvasti omaani ja sitten jäi. Luulen, että seuraavat tanssit täydensivät vanhempien lähestymistapaa ja tuli niin kuin pitikin. Se oli mahtavaa. Tätä kesti sitten hyvät 20 vuotta.

<u>Syksy 1995</u>

Koska kilpailijani oli yhä aggressiivisempi sanoma- ja aikakauslehtien myynnin suhteen ja hän turvautui kolportaattoreilleen suurempiin alennuksiin, minunkin oli reagoitava. Onneksi minulla oli tuolloin muutama itävaltalainen kustantaja, joilla saatoin elää, sillä ei ainakaan silloin ollut mitään tehtävissä mainittujen tukkukauppiaiden kanssa. Tämä ilmeni siinä, että saatoin myydä tavarani vain salassa, koska joka kerta kun tulin asiakkaideni luo - ja he ovat olleet jo vuosia - siellä oli aina joku arabi, joka voitiin määrätä Robin-yritykseen, ostajani kanssa ja esti siis myyntini. Joten minun piti saada aikakauslehdet myyntiin kiertoradalla, koska tavaroideni ostajalle olisi aiheutunut taloudellista haittaa, jos hänen olisi nähty ostavan minulta. Mutta koska näiden valvontaelinten äly ei välttämättä ollut korkein, nostin tavaroitani esiin, jopa vaikeuksien kanssa. Tuolloin pystyin kasvattamaan myyntiä (n. 600 000 Schilling-taseen loppusummaa) ja lehtien määrää valtavasti, niin että päätoimittajani tuli luokseni suurella kuorma-autolla 20. piiriin, jossa olin ottanut haltuuni isäni liiketoiminnan. tiloissa. Usein tavaraa oli 2 lavaa ja 10 000 aikakauslehteä. Olin tuolloin noussut niin pitkälle, luultavasti kilpailusyistä, että viikko meni maanantaista sunnuntaihin. Kumppanini Britta oli vuodesta 1988 oikeutetusti valittanut siitä ja minun piti muuttaa asia, joten pidin ainakin viikonlopun vapaana. Mutta koska olen vähän paksupäinen ja teen sen minkä päätänkin tehdä. Joten kävi niin kuin pitikin Helmikuussa 1998 näin sattumalta, että toinen kahdesta päätoimittajasta oli lopettanut toimitukset Robin-yhtiölle. Muutamaa päivää myöhemmin pystyin virallisesti toteamaan, että Robinin yritys oli konkurssissa. Konkurssisumma oli 35 miljoonaa Itävallan šillinkiä. Tämä summa sisälsi varmasti vain pienen osan talletuksista, jotka Mr. Robin ja hänen työntekijänsä ottivat kolporteereilta. Huhuttiin, että hän oli varastanut noin 15 miljoonaa schillingiä 100–200 kolportööristään. Sain myös tietää, että konkurssin jälkeen tämä mies uskalsi lähteä kadulle vain henkivartijoiden kanssa, luultavasti pidätettyjen talletusten takia. Konkurssin vuoksi he olivat yhtäkkiä valmiita antamaan minulle korkeamman alennuksen, 33,1 brutto. Kyllä, mutta silloin oli jo liian myöhäistä.

Heinäkuu 1998 loma

Kun en ole koskaan ollut lomailun fani, minulla oli silti 2 viikon loma Kreetalla, joka tähän päivään mennessä oli luultavasti tähän mennessä elämäni kaunein. Muistoihin jäi myös joitain kokemuksia: Olimme kumppanini Brittan kanssa lainanneet mopon. Ainoa tyhmä asia oli, että se oli puoliautomaatti. Toisin sanoen istuimme molemmat tässä ajoneuvossa ja ilmeisesti annoin kytkimen tulla liian nopeasti, joten kumppanini istui lattialla. No, kyllä, ensimmäisen esteen puolivälissä. Vuokranantaja kertoi meille, että saamme ajaa vain 50 kilometrin säteellä. Kuulimme sen ja aloitimme matkamme. Mutta koska tällä saarella on se haittapuoli, että toisin kuin meillä, joka vuorelta piti ajaa ylös ja alas, niin teimme myös niin ja 50 kilometriä unohtui. Vuoren huipulla pidimme tauon ja istuimme nurmikkoon. Sitten Britta sanoi yhtäkkiä nähneensä jotain oranssia läheisessä lehdossa. Hetken mielijohteesta kiipesimme aidan alle ja löysimme appelsiinin, joka ilmeisesti jäi huomiotta sadonkorjuun aikana. Valitsimme ne tietysti heti. Kun kuorimme sitä, nenään nousi uskomattoman voimakas tuoksu ja ennen kaikkea nautinto tästä hedelmästä oli sanoinkuvaamatonta. Sitten jatkoimme matkaa, koska halusimme todella mennä viereiselle vuorelle luostariin. Nyt oli keskipäivä ja aurinko paistoi aika lujaa. Tie ei ollut päällystetty, se oli soratietä. Siitä huolimatta jatkoimme matkaamme. Yhtäkkiä huomasin, että mopo ei enää reagoinut haluamallani tavalla. Meillä oli "asunto". Ei ollut mitään kaukana. Joten jouduimme työntämään ajoneuvon äärimmäisessä kuumuudessa seuraavalle huoltoasemalle, joka oli turvallisesti 5 kilometrin päässä. Emme olleet kertoneet vuokrananantajalle mitään siitä, mitä meille tapahtui, mutta se oli kokemus meille molemmille. Muutamaa päivää myöhemmin hotellissa, jossa yöpyimme, oli jeeppisafari. Muistaakseni siellä oli ainakin 10 jeeppiä täynnä ruokaa ja me ajoimme saaren halki pohjoisesta etelään ja idästä länteen kunnes saavuimme Elafonisiin (Kreetan Malediivit). Kyllä meillä oli tarpeeksi ruokaa lihasta salaattiin, mutta ruokailuvälineet puuttuivat. Niin naiset menivät merelle, pesivat kätensä ja valmistivat salaatit käsin. Joka tapauksessa maistui hyvältä. Vuotta myöhemmin, jälleen heinäkuussa, menimme lomalle Lanzarotelle. Emme pitäneet siellä liikaa, koska koko alue vaikutti meistä erittäin steriililtä, emme myöskään päässeet uimaan meressä, vesi oli erittäin kylmää (Atlantti). Ja taas vuotta myöhemmin kuin heinäkuussa 2000 yöpyimme muutaman päivän eräässä vierastalossa Steiermarkissa, josta lähdimme retkelle. Sen jälkeen minulla ei ole juurikaan ollut lomaa, paitsi vuonna 2017 Italiaan muutamassa päivässä bussilla, mikä tietysti oli uuvuttavampaa kuin lentokoneella matkustaminen.

Elokuu 2000

Kun palasimme Itävallan lomalta (3 päivää - Itävallan matka) heinäkuussa 2000, Britta kertoi minulle, että hänellä oli vatsakipuja ja että hänellä oli jo aika gynekologille tästä asiasta. Tämän tapaamisen jälkeen hän soitti minulle välittömästi: Olin tietysti huolissani ja hän sanoi: Mikä hyvä asia. Mitä sen piti olla? Hän sanoi, että minusta tulee isä. Olin hämmästynyt, mutta pidimme molemmat itsestäänselvyytenä, että olisimme tukena tätä lasta. Aborttiaihetta ei koskaan otettu esille, ja se oli hyvä, ainakin siihen mennessä, kun sain tietää siitä. Eräpäiväksi asetettiin maaliskuun 2001 alku. 24. helmikuuta 2001, lauantaina, Britta herätti minut aamulla ja sanoi, että aika oli tullut. Työtäni varten minulla oli pakettiauto, joka oli kyydissä vuosia. Myös edellisenä päivänä satoi reilusti lunta. Ajoimme siis noin 50 kilometriä sairaalaan ilman lämmitintä autossa, koska se ei toiminut. Saapuessaan sairaalaan he ymmärsivät, että se kestää hetken. Joten menimme vain kävelylle lumessa kompleksiin. Illalla lähdin häneltä ja pyysin, että minulle ilmoitettaisiin kellonajasta riippumatta, onko hän tulossa. Puhelua ei tullut, joten ajoin sairaalaan klo 8. Mardi Gras. Kun avasin hänen huoneensa oven, hän tervehti minua sanalla: Yllätys! Hetkeä myöhemmin ovi avautui jälleen ja sairaanhoitaja toi poikani luokseni. Muistan ikuisesti sen hetken, jolloin pidin sitä käsissäni ensimmäistä kertaa. sanoinkuvaamaton.

Poikani 10 kk

1990-1991 asunto

Siihen asti asuin pienessä asunnossa, joka minulla oli 18-vuotiaana. Mutta koska isännöitsijä ja kerrostalon omistaja halusivat taloon yleisremontin, jouduin muuttamaan yhden kerroksen alemmas hieman isompaan asuntoon. Asuntoni yhdistettiin naapuriasuntoon sillä lupauksella, että voin muuttaa takaisin 70 neliön asuntoon töiden päätyttyä. Tämä myös havaittiin ja vuonna 1991 muutin tähän asuntoon. Mutta koska riippuvuuteni paheni vuosien varrella, mistä en silloin ollut tietoinen, jäin jälkeen vuokranmaksuista. Joten siitä tuli, kuten sen pitikin tulla, häätöjuttu. Britta ja minä etsimme asuntoa. Hän löysi etsimäänsä sanomalehtiilmoituksesta. Pienhuoneisto 2. kaupunginosassa, jonka vuokra on noin 10 000 shillinkiä. Totesin, että minulla ei ole siihen varaa, mutta sitä ei välttämättä hyväksytty. Siksi palautin asunnon 20. piirissä ilman häätöilmoitusta ja muutin 2. piiriin. Mutta koska intohimoni pelaamiseen ei ollut parantunut, vaan pikemminkin pahentunut, kohtasin pian saman tuloksen kuin 20. piirissä. Joten etsin itse Garcionerren 20. kaupunginosasta, johon minulla ehkä olisi varaa.

1980 – riippuvuus

Kaikki alkoi pienestä, heitettiin muutama shillingi koneeseen ja ehkä kerran voitettiin jotain, mutta heitettiin se suoraan takaisin tähän ämpäriin, sillä iso voitto on tulossa. Kesti noin 15 vuotta tajuta, että olen riippuvainen uhkapeleistä. Kumppanini Britta kannusti minua terapiaan, mutta minun oli myös myönnettävä, että olin riippuvainen tästä. Joten etsin apua Anonyymiltä Gamblersilta. Ryhmäterapioita oli kerran viikossa ja yksilöterapioita sopimuksen mukaan. Yksilöterapia aiheutti minussa hermoromahduksen, koska en ollut koskaan ennen kokenut vastaavaa, varsinkin kun terapeutti oli mennyt hyvin syvälle. Ryhmäterapia ei välttämättä onnistunut, koska istuin istunnon jälkeen autoon ja päädyin taas pelihalliin. Joten en nähnyt tässä terapiassa mitään järkeä. Ilmeisesti minun piti tehdä enemmän tässä suhteessa. Britta kysyi minulta tämän terapian edistymisestä tai olinko lopettanut pelaamisen. Vastaan tähän "kyllä", että olisin lopettanut pelaamisen. Sikäli kuin tiedän, se oli ainoa kerta 20 vuoden kumppanuussuhteessa, jolloin olin valehdellut hänelle. Mutta minulla oli myös tapana välttää taitavasti arkaluonteisia kysymyksiä, varsinkin taloudellisia. Joten tuolloin en nähnyt ulospääsyä ja itsemurha-ajatukset tulivat lähemmäs ja lähemmäs.

Kesäkuu 2001 konkurssi

Helmikuun 15. päivänä 2001, kymmenen päivää ennen poikani syntymää, kävin konkurssineuvottelun. Tätä edelsi oman aloitteeni tai kaupallisen ymmärrykseni esittäminen. Puhuin tästä tuomarin kanssa ja pystyimme saavuttamaan noin 13,84 prosentin korvausasteen, jonka voimme tarjota velkojille. Tässä Wienin kauppatuomioistuimen istunnossa oli läsnä kaksi velkojien edustajaa noin 20 velkojasta. Luottosuojayhdistyksen ja AKV:n asianajajat eivät hyväksyneet tarjottua kiintiötä. Kesäkuun puolivälissä 2001 20. piirin kunnat pyysivät minua palauttamaan kaksi kauppalupaa, jotka minulla oli ollut lähes 9 vuotta. Syynä tähän oli se, että minulla oli ajan mittaan kertynyt melkoisesti velkaa. Tein tämän ja minut kirjattiin sitten työttömäksi. Isäni, joka oli tuolloin eläkkeellä, osti jälleen kauppaluvan lehtitukkukauppaa varten. Ja niin bisnes jatkui, mutta se ei estänyt minua pelaamasta ja ennen kaikkea tekemästä asialle jotain.

2000 tuomari / rahoitus

Vuosituhannen vaihteessa asiakkaani tulivat luokseni jatkuvasti ja pyysivät vahvistusta tuloistaan. Toisin sanoen asianomaiset toimistot vaativat vastaavan tulotodistuksen oleskelulupaa pidennettäessä tai uudelleen jättäessään. Virallisesti edellytettiin, että Itävallassa asuvan henkilön vähimmäistulo on 700 euroa. Minulle se oli helppo määrittää, koska siellä oli kiinteä alennus ja vähittäismyyntihinta. Joten kirjoitin ne sinulle, jos summa oli riittävä ja sait vastaavan paperisi tuomarilta. En ollut koskaan saanut rahaa tämän paperin julkaisemisesta, ainakaan vuoteen 2006 asti. Minulle nämä ihmiset olivat myös itsenäisiä kauppiaita ja heidän piti myös siirtää kirjoittamani summa arviointikanavaan. En tiedä, harjoittelivatko he sitä. Mutta määritin tämän myös esillä oleviin papereihin.

Maaliskuussa 2006 isäni kuolema

25. helmikuuta 2006 vanhempani tulivat luoksemme, Britta, poikani Gregor ja minä Ala-Itävaltaan. Kumppanini kutsui hänet poikani 5-vuotissyntymäpäiville. Jäätyään

eläkkeelle vuonna 1992 isäni lihoi noin kymmenen kiloa. Hän ei ollut lihava, mutta nautti ateriasta täysillä. Tietenkin poikani oli saanut tämän selville jo 5-vuotiaana, joten hän pommitti isääni leivonnaisilla välipalan yhteydessä. Isoisä ota kakku, tiedän, että sinäkin tykkäät napostella. Neljännestuntia myöhemmin hän tuli munkin kanssa ja isoisä otti sen ja söi. Seuraavana aamuna kaupassa noin kello 7 isäni oli jo siellä, kuten tavallista. Istuimme autoon ja ajoimme asiakkaan luo. Ajomatkalla hän kertoi minulle nukkuneensa niin huonosti sinä yönä. Lisäksi hän nousi puolen tunnin välein käydäkseen vessassa vastaavan rintakivun kanssa. Kun tunti myöhemmin palasimme töihin, pyysin häntä kiireesti menemään lääkärimme luo samalle kadulle katsomaan. No, kyllä, oli talvi 26. helmikuuta 2006 ja isäni meni lääkäriin suurella vastahakoisesti vain puserossaan. Tunnin kuluttua puhelimeni soi ja oli hänen vuoronsa. Minun pitäisi tuoda hänelle takki sisätautilääkärille kadun varrella, koska perhelääkäri olisi lähettänyt hänet välittömästi sisätautilääkärille epäiltäessä sydänkohtausta. Tämä lääkäri ei antanut itseään viedä sinne diagnoosia varten ja soitti välittömästi ambulanssin viedäkseen heidät sairaalaan. Sairaalaan saavuttuaan kahden lääkärin epäillyt epäilyt vahvistuivat. Siellä hänet tarkastettiin 11 päivän ajan ja vapautettiin 10. maaliskuuta, perjantaina. 13. maaliskuuta aamulla, kuten aina, tulin kauppaan noin klo 7 ja isäni oli jo siellä. Koska ensimmäinen asia, jonka teen aamulla, oli kahvi, tein sen myös sinä päivänä. Sillä välin huomasin, että isäni oli menossa käytävän wc:hen. Kuten tavallista, laitoin äidilleni kahvin saman talon ensimmäiseen kerrokseen ja menin myymälän takaosaan portaikkoon. Huomasin, että käytävän wc:ssämme palaa valo (läpinäkymätön lasi) ja tiesin, että se saattoi olla vain isäni, mutta oli kulunut 10-15 minuuttia, kun näin hänet viimeksi. Menin sitten vanhempieni asuntoon ja juttelin hänen kanssaan jonkin aikaa. Kun ohitin taas wc:n, valo palaa edelleen ja meni kauppaan, mutta siellä ei ollut ketään. Joten menin uudestaan wc:hen ja koputin ikkunaan, mutta en reagoinut. Sillä välin naapuri, joka asui, oli tullut ulos asunnostaan. Mutta koska wc:ssä ei reagoitu, minulla ei ollut muuta vaihtoehtoa kuin murskata oven ikkuna kyynärpäälläni. Sen jälkeen näki hänet jo istumassa nojaten seinää vasten ja verta nenästään. Naapuri soitti heti ambulanssin ja toi minulle myös vaatteita käytävän lattialle, jotta voin laittaa ne päälle. Pelastus saatiin melko nopeasti ja häntä yritettiin tuoda takaisin defibrillaattorilla, mutta turhaan. Ambulanssi ilmoitti lääkärille, että hänen oli määritettävä kuolema. Sillä välin tuli myös poliisi, jossa mies seisoi kuolleen miehen vieressä, kunnes lääkäri tuli. Tämä tuli noin 3 tunnin kuluttua. Ensimmäinen hänen kysymyksensä oli, oliko olemassa viimeaikaisia havaintoja, joihin voisin tietysti vastata. Kun hän oli katsonut sen läpi, hän sanoi: Cocktailin kanssa tämä ei ollut yllättävää ja kuoleminen Wienissä maanantaina oli epäsuotuisaa, koska meillä on ruuhka. Jos en olisi ollut surussa, en olisi voinut hallita itseäni sellaisista lausunnoista. Mutta mikä minua silti kosketti, oli se, että minun piti kertoa äidilleni, joka oli asunnossaan. Ja seuraava ongelma oli ilmoittaa veljelleni, joka oli ollut poissa kontaktista noin 20 vuotta, että isämme oli kuollut. Hän oli eri mieltä vanhempiensa kanssa oikeutetusta perinnöstä. Mutta hän oli paikalla tunnin sisällä ilman pahoja sanoja. 24. maaliskuuta 2006 hautaamme hänet Wienin keskushautausmaalle. Sitten kun arkku laskettiin alas, minulla oli ratkaiseva tapahtuma. Olen perinyt isältäni paljon, muun muassa sen, että emme voi puhua ongelmista ja välttelimme niitä jatkuvasti, nyt oli liian myöhäistä.

Maaliskuuta 2006 kiristys

Maaliskuun 14. päivänä palautin isäni kaksi kauppalupaa 20. piirin vastaavalle tuomarille. Tunsin jo ennestään käsittelyn tässä suhteessa. 20. maaliskuuta puhelimeni soi ja numeroa ei pidetty. Toisessa päässä oli mies, joka ei kertonut nimeä, vaikka kysyin keskustelun aikana useita kertoja. Hän sanoi, että minun pitäisi jatkaa niiden vahvistusten kirjoittamista, joita olen kirjoittanut vuosituhannen vaihteesta lähtien. Kun kysyin, miksi minun pitäisi tehdä niin, hän kertoi minulle poikani kasvupaikan olosuhteista, että voit tietää vain, jos olet siellä. Esimerkiksi kun hän kävi tänään päiväkodissa ja niin edelleen. Se tietysti suuttui ja uhkasin häntä. Hänen vastauksensa oli vain, että edellisen puhelun jälkeen hän lähettäisi minulle ulkomaalaisen ja minun on annettava vahvistus. Minun pitäisi veloittaa 10 euroa kuukaudelta ja 15 euroa usealta kuukaudelta, jonka nämä ihmiset sitten maksaisivat. Alussa kieltäydyin tietysti väittäen, etten voinut enää kirjoittaa sitä, koska minulla ei ollut oikeutta kauppaan, mutta ajan myötä tieto pojastani, hänen tekemisistään muuttui yhä todellisemmiksi ja jouduin olettamaan että hän pysyi Gregorin lähellä, mikä todistettiin vuotta myöhemmin. Noin 800 asukkaan kylässä, jonka pinta-ala on 34 neliökilometriä, vieraisiin ihmisiin kiinnitetään luonnollisesti huomiota, varsinkin kun he ajavat julkisten rakennusten, kuten koulun tai päiväkodin, edessä. Nyt minulla oli mahdollisuus mennä poliisille ja tehdä rikosilmoitus, jos se hyväksytään, ja pojalleni määrätään suojelu viikoksi tai kahdeksi, ja sitten minun täytyy vapista, ajatteleeko mies mitään. Toinen vaihtoehto oli tehdä se omalla tavallani, minkä luin itsekin tekevän seurauksista riippumatta. Joten puheluita tuli useita kertoja viikossa tukahdutettuina numeroina ja ulkomaalaiset, jotka tunsin vain osittain, saivat vahvistuksensa maksua vastaan. Kun kysyin ihmisiltä, mistä he ottivat yhteyttä, en saanut mitään tietoa. Joten päätin seurata näitä ihmisiä, mutta ainakin alussa tämä oli toivotonta. Sillä välin oli jo syksy 2007, poikani kävi peruskoulua. Kylässä miestä havaittiin eri paikoissa, joissa hänen oletettiin olevan pedofiili, koska hänet nähtiin toistuvasti koulussa tai päiväkodissa. Mutta tämä oli virhe, koko juttu oli tarkoitettu minulle. Eräänä perjantaina koulun jälkeen, kuten jokaisena koulupäivänä, poikani meni koulubussilla kotiin. Koska tie noin 500 metrin päästä poistumispisteestä asuinpaikalle ei ollut täysin näkyvissä, niin sivukadulta tuli yhtäkkiä auto, joka pysähtyi poikani luo ja matkustajan ovi avautui. Mies puhui hänelle ja halusi antaa hänelle karkkia. Poikani reagoi kerran ja juoksi heti taloa kohti, jossa kumppanini oli odottanut häntä. Hän näki ajoneuvon ja soitti myös poliisille, mutta kunnes he saapuivat, kuljettaja oli vuorten yli umpikujasta huolimatta. Kun poikani kertoi minulle tästä samana päivänä, perjantai-iltana, puhuin asiasta kumppanini kanssa ja kerroin hänelle, että tämä ei ollut pedofiili, se olisi koskenut minua, mutta hän pysyi pedofiilin versiossa.

13. joulukuuta 2006

Oli perjantai ja taas 13. Istuin kaupassa, jossa oli kaksi uloskäyntiä, yksi talon pihalle ja toinen kadulle. Kirjoitin ohjelmiini, kuten olin jo pitkään tehnyt, ja ihastuin sen mukaisesti. Yhtäkkiä sisäpihan oveen koputettiin; olin lukinnut toisen oven. Kello oli puolenpäivän tienoilla ja oletettiin, että se oli kotibileet. Kun avasin oven, siellä oli noin 190 cm pitkä, hyvin hoidettu mies. Hän tunnisti itsensä nimellä ja henkilöllisyystodistuksella Wienin veroviraston "virallisena johtajana". Nyt hän sanoi pitäen A4-paperia kädessään, että hänellä oli kädessään vahvistus, josta löytyy yritykseni leima ja allekirjoitukseni. Hän väitti myös, että se oli painettu molemmille puolille. Hän myös kysyi, voisiko hän tulla sisään, mitä en kieltänyt. Mutta sitten minun piti heti kumota hänen väitteensä. Toisaalta en ollut koskaan antanut kädestäni papereita, jotka olisi painettu molemmille puolille, ja toisaalta, en ollut myöskään laittanut leimaa sellaisiin kirjaimiin, jotka olivat jo mukana kirjoittamassani ohjelmassa heille itselleni. Minulla ei ole koskaan ollut kirjettä, johon tämä väite perustui. Nyt hän sanoi, voisiko hän katsoa seisomatietokoneeseeni, mitä en kieltänyt. Hän halusi myös katsoa ja ottaa kuvia tiliotteistani, jotka minulla oli takanani hyllyssä, joista en kieltäytynyt, koska en ollut tietoinen syyllisyydestäni. Nyt hän alkoi ottaa minuuttejaan. Kun hän kysyi, miten tällaiset tulovahvistukset syntyivät, milloin ja miksi, hän päätti vierailun kysymykseen, mitä olisin saanut siitä, ja hän ei tarkoittanut vain rahaa, vaan myös luonnontuotteita. Mitä minun pitäisi nyt vastata hänelle, sillä välin tajusin, että hän tarvitsi hänen saavutustuntoaan, ja toisaalta minulla oli vielä tässä vaiheessa kiristäjäni, joka painoi minua melkoisesti. Joten vastasin hänen kysymykseensä vastauksella: En ole saanut mitään vastineeksi. Hänen reaktionsa oli, että hän ei uskonut tätä. Seuraavana vuonna hän tuli myymälääni vielä kahdesti ilman ennakkoilmoitusta ja jatkoi etsimistä. Viime kerralla hän kysyi, voisiko hän ottaa teline-PC:n mukaan verotoimistoon, johon vastasin myöntävästi hetken miettimisen jälkeen. Aika miettiä, ettei se välttämättä olisi hyödyttänyt tietokonetta, mutta minulla ei tietenkään ollut mitään salattavaa. Sain sen takaisin toimintakuntoon kahdessa päivässä, mutta hän ei kertonut, löytyikö jotain laitonta vai ei. Toistaiseksi hyvin tai ei. Syksyllä 2007 tuli sitten "kutsu" 22. piirin verotoimistoon. Siellä hän tarjosi minulle verotarkastuksensa tuloksia, kuten sitä kutsutaan taloussaksaksi. Hän oli jo ilmoittanut minulle, että hänen täytyisi arvostaa minua, jos en kertoisi hänelle, mitä tekisin tuloslaskelmien laatimiseksi, ja niin sovimme tästä nimestä. Hänen arvionsa oli, että hän luuli, että olisin saanut 100 euroa jokaisesta vahvistuksesta vuodesta 1998 vuoteen 2008 asti. Toisin sanoen tulot 40 000 euroa ja "majoituskulut" miinus 50 %. Olin siis hänen silmissään ansainnut tällä työllä vuodesta toiseen 20 000 euroa, mikä näkyi myös vastaavassa tuloverotuksessa vaatimattomana. Minulla oli yhdellä iskulla kaksi 6-numeroisen summan suuruista vaatimusta verotoimistolta ja sairausvakuutusyhtiöltä, joihin vastasin välittömästi vetoamalla silloiseen finanssihallitukseen verovirastojen ylemmän tason elimenä, Nykyään se on tietääkseni taloushallinnon virasto. Yksittäiset toimistot hylkäsivät tai hylkäsivät kaikki nimitykset, ja se oli tuolloin 9 vuotta. Valtio tai sen virkamiehet ovat enimmäkseen oikeassa, kansalainen tuskin. En kuitenkaan odottanut tuolloin sitä, että tämä virallinen johtaja ei pitänyt sitä vain taloudellisena loukkauksena, vaan myös lain rikkomisena. Suoritettuaan tutkimuksensa vuonna 2008 hän välitti keräämänsä tiedot, joista hän ei koskaan pystynyt toimittamaan todisteita, Wienin yleiselle syyttäjälle lainvastaisuuden tarkistamista varten. Vuoden 2008 nimitysten lisäksi vuosilta 2006-2008, jolloin sain kiristäjäni vihdoin kiinni, tein näiltä 3 vuodelta tuloveroilmoitukset yhteensä 2500 euron tuloista tuloslaskelmien laatimisesta, jotka ovat ei ole otettu huomioon tähän päivään mennessä. Vuosina 1998 ja 2005 mukaan lukien minulla ei ollut saantia tämän seikan vuoksi. Tämä yleinen syyttäjävirasto reagoi myös asianomaisten käräjäoikeusten muodossa, joissa vuosina 2009-2011 minua "pyydettiin" todistajaksi noin 100 haasteeseen. Prosessi siellä oli aina sama. Asianomaisen tuomioistuimen kuulustelujeni perussisältö oli aina sama. Minulta kysyttiin, olinko antanut tämän paperin ja tietysti miksi. Vastapäätäni istui aina ulkomaalainen, jota muun muassa kunnanvirasto 35 syytti siitä, että hän oli hankkinut tai ostanut oleskeluluvan sellaisella vahvistuksella. Minulle esitettiin paperi, johon tämä prosessi perustui, ja minun oli päätettävä, olinko antanut sen vai en. Niistä 90 % oli minun papereitani, mutta oli myös väärennöksiä, kuten toimitusjohtaja väittää. Syytetyt ulkomaalaiset, jotka tunsin ainakin ulkonäön perusteella, saivat, jos heidät todella todettiin syyllisiksi, ehdollisesti 2 kuukautta kolmeen vuoteen. Kuten jo mainitsin, toukokuussa 2008 sain vihdoin kiristäjän kiinni seuraamalla oletettua kolportööriä vielä kerran saatuaan vahvistuksen minulta. "Voivilla" argumenteilla rukoilin tätä miestä poistamaan numeroni välittömästi eikä soittaisi minulle enää koskaan. Minulla ei ollut paljon toivoa, mutta hän piti siitä mistä tahansa syystä, enkä koskaan nähnyt tai kuullut hänestä enää, mutta olin myös vaihtanut matkapuhelinnumeroni. En ollut koskaan saanut selville, mitä hän sai siitä irti tai ei. Keväällä 2010 sain yhtäkkiä kirjatun kirjeen Wienin yleiseltä syyttäjältä - Wienin rikostuomioistuimelta. Siinä minua pyydettiin esiintymään epäiltynä syyttäjänvirastossa kuulusteltavaksi. Noudatin sitä ja istuin yleistä syyttäjää vastapäätä. Minua syytettiin tuloslaskelmien antamisesta, jotka eivät olleet lain mukaisia. Koska tällä keski-ikäisellä miehellä oli edessään muutama tiedosto, hän selaili niitä ja kysyi minulta, tiesikö hän siellä lukemaansa nimeä ja ennen kaikkea kuinka tällaiset paperit syntyivät. Vahvistin sitten hänen kysymyksensä, mutta pyysin häntä näyttämään minulle vahvistukset, joista voisin taas tunnistaa noin 10% väärennöksiä, jotka hän myös näki. Sikäli kuin muistan, hän oli hänen kanssaan toisen kerran tänä vuonna. Koko juttu oli vain syytetyn kuulustelua yleisen syyttäjän taholta. Sain keväällä 2011 toisen kirjatun kirjeen, mutta tällä kertaa Wienin rikostuomioistuimesta, jonne minun piti mennä vastaajana. Tapasin siellä tuomarin, yleisen syyttäjän, jonka tunsin tähän mennessä, ja puolustajani, joka ensimmäisellä tapaamisellani hänen kanssaan oli valittanut, että hänen piti lukea läpi 6000 sivua oikeuden asiakirjoja oikeudenkäyntiä varten. Nyt tuli tämä neuvottelu, jossa luonnollisesti kaikki osapuolet esittivät kysymyksiä. Kysymys siitä, olinko saanut rahaa tästä lehtien numerosta, oli toissijainen, aivan kuten se oli yleisen syyttäjän kuulustelussa. Vastauksillani ja perusteluillani pystyin vakuuttamaan tuomarin mahdollisimman hyvin. Asianajajani oli vastahakoisempi, hän vain kaivoi ennakkotapauksen, jolla oli hyvin vähän tekemistä syytteeni kanssa. Syyttäjä oli hieman sitkeämpi ja esitti melko reipasta kysymyksiä. Tämän oikeudenkäynnin tulos, tuomari ilmoitti tuomion, 24 kuukautta vankeutta, ei tarkoita vankeutta. Kun tuomio oli julistettu, hän neuvoi minua päätöksessäni; Hyväksyä tuomio välittömästi, 3 päivää aikaa harkita tai valittaa välittömästi. En todellakaan odottanut sitä, koska oletin, että voisin lähteä tuomioistuimesta vapaana ja syyttömänä. Joten katsoin puolustusasianajajaani ja näytin hänelle kolmea sormea kolmen päivän ajan miettiäkseen asiaa. Mutta nähdessään, että syyttäjä näki epäröintini, hän sanoi valittavansa tai ryhtyvänsä oikeustoimiin. Helmikuussa 2012 pidettiin toinen istunto Wienin korkeimmassa alueellisessa oikeudessa, jossa oletin, että tuomio olisi minun puolellani. Joten menin oikeussaliin määrättynä aikana ja löysin tuomareiden senaatin. Kun tietoni tarkistettiin, yksi tuomareista puhui minulle: Wienin rikostuomioistuimen tuomio muutetaan 16 kuukauden ehdolliseen ja 8 kuukauden ehdottomaan. Reaktioni siihen: Se ei voi olla sitä! Tuomari sanoi: Jos et ymmärtänyt tuomiota, sinut joudutaan pidättämään 8 kuukautta. Minulle maailma romahti. Toisaalta olin antanut nämä paperit hyvässä uskossa, kunnes minut kiristettiin, toisaalta halusin suojella poikaani, joka meni huonosti housuihin. Minulla ei juuri koskaan ollut taloudellista etua ja minua rangaistiin siitä. Tietysti kysyin asianajajaltani, mitä muuta tässä asiassa voitaisiin tehdä, mutta minun oli ymmärrettävä, että tähän tuomioon ei voi hakea muutosta, vain vetoomus. Mutta hän ei heti antanut minulle toivoa, että jokin tässä korkeimman alioikeuden päätöksessä muuttuisi tällaisen vetoomuksen seurauksena. Mutta pyysin häntä tekemään sen. Mutta se oli myös epäonnistunut. Sain siis kirjeen tuomioistuimelta, jossa minun piti olla Simmeringin vankilassa viimeistään 10.4.2012 aloittaakseni 8 kuukauden vankeusrangaistukseni.

2006-2011 kaikki hoidosta

Kun isäni kuoli maaliskuussa 2006, kuten jo mainittiin, minua uhkasi jälleen häätö 20. kaupunginosassa sijaitsevasta Garcionerrestani. Nyt, miehensä kuoleman jälkeen, äitini oli täysin omillaan ja melkein 53 vuoden avioliiton jälkeen katto pääni päältä poistettiin, joten muuta jäi kuin muuttaa 75 neliömetrin asuntoon riidan kanssa. minun osani antaa hänelle keskinäinen valvonta, koska hän oli melko masentunut kuoleman jälkeen. Tuolloin en osannut sanoa, oliko päätökseni oikea vai ei, ja hänellä oli jo 2 lyöntiä takanaan. Hänen miehensä kuollessaan hän painoi noin 80 kiloa, ei ollut lihava vaan tanako. Ensimmäinen vuosi hänen kanssaan asunnossa oli aika hyvä, käytiin kaupassa, lääkärissä ja tutkimuksissa. Tässä vaiheessa hänen piti ottaa noin 10 tablettia päivässä aiempien sairauksiensa vuoksi. Niiden joukossa oli psykotrooppinen lääke, jossa minun piti joka kerta mennä neurologin sijaan perhelääkärin puoleen saadakseni reseptin. Luulen, että se määrättiin, koska hän oli masentunut yhä enemmän. Sanoisin myös, että tein työni samassa talossa, vain pihan erottamana.

Tarkoittaa, että minä olin pohjakerroksessa ja hän oli ensimmäisen kerroksen asunnossa. Toisena vuonna hänen tilansa alkoi heikentyä nopeasti, hän söi vähemmän ja vähemmän eikä halunnut mennä ulos. Muistan yhden jakson, jossa me kaksi olimme ostoksilla ruokakaupassa noin 300 metrin päässä, eikä hän voinut mennä pidemmälle oston maksamisen jälkeen. Joten istutin hänet kauppaan, juoksin 300 metriä takaisin kauppaan ja hain kelkani, joka minulla oli ollut vuosia, ajoin sen kauppaan, laitoin sen kelkkaan suurella vastahakoisesti ja ajoin sen hänen kanssaan kotiin. En välittänyt miltä se näytti. Et välttämättä. Koko juttu näytti siltä, että vietin asunnossa hänen kanssaan maanantaista perjantaihin ja menin perjantai-iltana tapaamaan perhettäni Ala-Itävallassa, Gregoria ja Brittaa. Mutta koska hänen ei välttämättä pitäisi olla yksin viikonloppuna, veljeni tuli lauantaina kahdeksi kolmeksi tunniksi ja siitä tuli farssi melkein joka kerta. Kerran hän soitti minulle, koska ei löytänyt lääkitystä, toisen kerran vähäpätöisyyden takia. Toisin sanoen hän ei ollut minulle suuri apu tässäkään asiassa. Mutta kun siihen lisättiin kasvava masennus, vainoharhaisuus ja dementia, hänen henkilönsä hoitaminen vaikeutui koko ajan, eli 24 tunnin hoito käytettiin täysillä. Päivällä, koska hänellä ei ollut enää käsitystä ajasta, hän nukkui ja yöllä, kun halusin nukkua viereisessä huoneessa, hän kummitteli asunnossa. Ei tarvinnut edes hakea häntä olohuoneesta keskiyöllä tai myöhemmin ja laittaa häntä takaisin sänkyyn. Lisäksi hänellä ei ollut enää yleiskuvaa siitä, mitä taloustavaroita hänellä oli. Sattui niin, että aamulla kello 11 hän seisoi parvekkeella ja huusi nimeäni äänekkäästi, koska hän seisoi, Peter, tarvitsi ainakin kaksi tuubia hammastahnaa. Sitten tulin sisäpihalle, näin hänen elehtivän villisti parvekkeella ja sanoin, että hänen pitäisi katsoa laatikkoon, tietääkseni siellä oli ainakin 10 hammastahnaputkea. Hän sanoi vain, että hän tietäisi mitä hän tarvitsee, ei minä. Joten minun piti ostaa hänelle 11 ja 12 putket välittömästi ja välittömästi. En koskaan tehnyt niin, menin ostoksille. Ainoa kerta, kun minun piti hengittää, oli kerta, kun hän tuli sairaalasta toiseen, joten minun piti käydä hänen luonaan vain noin tunnin ajan, koska siellä ei ollut enää mitään. Minun oli yhä vaikeampaa puhua hänelle, koska hän ei nähnyt perspektiiviä. Yksittäisissä sairaaloissa hän mielestäni "vieraillut" lähes kaikissa Wienin sairaaloissa, mutta ne säilyttivät niitä enintään 10 päivää, koska fyysisesti he eivät löytäneet mitään ja psyyken osalta kukaan ei voinut auttaa hänen. Nyt rakas veljeni, jonka kanssa, kuten sanoin, en ollut missään tekemisissä noin 20 vuoteen, tuli loistavaan ajatukseen tehdä hänen äitinsä toimintakyvyttömäksi. Tätä varten hän meni toimivaltaiseen käräjäoikeuteen ja jätti hakemuksen. Minun mielipiteeni tästä oli, että hän oli varmasti edelleen järkevä, vaikka hän olikin jo hyvällä tiellä hulluksi. Joten eräänä iltana, ennakkoilmoituksen jälkeen, asianajaja käräjäoikeudesta tuli asunnollemme. Äitini ja me kaksi poikaa olimme paikalla. Aluksi hän esitti kysymyksensä äidilleni, joka vastasi niihin oikein, mutta sitten hakemuksen tehnyt veljeni sai tältä asianajajalta melko vankan ohjeen. Hän kertoi naisen olevan täysin järkevä ja miksi hän oli tehnyt hakemuksen, johon hän ei tietenkään voinut vastata. Tästä syystä tämä pyyntö hylättiin. Tähän asti suhteeni veljeäni oli edelleen kohtuullisen hyvätapainen ja tosiasioihin perustuva. Sen jälkeen se paheni ja paheni aina hänen fyysisiin hyökkäyksiinsä asti äitimme läsnäollessa. Syyskuussa 2010 hän käveli uudelleen asunnossa päiväsaikaan ja kaatui olohuoneeseen. Olin juuri ulkona tuolloin.

Tuolloin hän oli ollut kotiapua kolme kertaa päivässä noin 4 vuotta, koska en ollut aina paikalla ja tuloksena oli avainlokero asunnon sisäänkäynnissä, koska tietysti myös kotiapu ja pelastuspalvelut olivat käytetty. Lisäksi hänellä oli hätänapilla varustettu ranneke, jota hän saattoi käyttää tarvittaessa. Joten sinä päivänä tuli pelastus, joka myös ilmoitti minulle, että äidilleni oli tapahtunut jotain, ja he tulivat myös sisään avaimen kassakaapin avulla. He veivät hänet sitten sairaalaan, jossa todettiin, että hänen keuhkoihinsa oli porattu kylkiluu, kun hän kaatui asunnossa. Nyt ajeltiin taas lähimpään sairaalaan ja juteltiin osaston ylilääkärin kanssa. Hän kysyi minulta, hoidetaanko äitiäni 24 tuntia vuorokaudessa hänen vapautumisensa jälkeen. Mutta minun täytyi vastata tähän kysymykseen ei, koska olin fyysisesti ja henkisesti uupunut, ei vain sen takia, vaan myös riippuvuuteni takia. Pitäisi lähettää etukäteen, että heti isäni kuoleman jälkeen maaliskuussa 2006 veljeni oli hakenut hänelle paikkaa vanhainkotiin. Hänen olisi ollut helpompi nähdä hänet kotona kuukauden kuluttua. Kun noin 2 vuoden kuluttua sain lupauksen kodista 20. kaupunginosassa, tiesin tämän talon sisältä ja ulkoa, ja hän kidutti minua päätöksellä, mitä tehdä: kotiin vai ei. Tässä suhteessa on huomioitava, että tämä koti oli heidän tutussa ympäristössään ja koska se ei ole ollut pitkään paikallaan, on myös erittäin kaunis. Argumenttini oli, että se olisi hänen oma päätöksensä ja että en neuvoisi tai neuvoisi olemaan sitä vastaan. Veljeni tietysti suostutteli hänet välittömästi ottamaan paikan. Muutaman viikon ja kuukauden kuluttua hän kieltäytyi. Nyt, kuten sanoin, hän oli sairaalassa ja Wienin kunta etsi paikkaa vanhainkodista, jonka hän sai vuoden 2010 lopussa vastikään avatusta kodista 22. kaupunginosassa. Siellä 8. kerroksessa, jossa oli hissi, hänelle annettiin noin 20 neliömetrin huone. Ymmärtääkseni hän oli yksi nuorimmista tuolloin, 78-vuotias. Huoneiden vieressä oli yhteinen huone, jossa vangit kokoontuivat juoruilemaan tai pelaamaan pelejä. Muistan sanoneeni useita kertoja, että hänen pitäisi mennä ulos huoneestaan ja puhua muille. Mutta hänen vainoharhaisuus tai dementiansa oli niin pitkälle edennyt, että hän ei enää halunnut olla ihmisten lähellä, koska he saattoivat tehdä hänelle jotain, kuten minun piti kuulla häneltä eri sairaaloissa, kun hän näki ihmisiä, joilla oli valkoinen takki ja jotka halusivat tehdä jotain. hänelle. Hän ei hyväksynyt väitettäni, jonka mukaan nämä olivat vain lääkintähenkilöstöä, joka halusi auttaa häntä. 2. maaliskuuta 2011 menin hänen kotiinsa melkein joka päivä käymään hänen luonaan. Sinä päivänä hän oli tuskin tavoitettavissa, enkä pystynyt puhumaan hänen kanssaan. Kun ajoin kotiin, minulla oli aavistus. Yön aikana, kuten tavallista, sammutin puhelimeni. Aamulla kun laitoin sen uudelleen päälle, näin tekstiviestin kotoa. Ennakointini vahvistui, hän nukahti rauhallisesti sairaanhoitajan syliin sinä yönä. Nyt hautasimme äitimme samaan hautaan, jossa isäni oli. Olin nyt yksin 75 neliön asunnossa omaisuuteni ja vajaan 500 euron vuokran kanssa.

Toukokuu 2011 Neocathomenat

Suhteeni äitiini ei ollut aivan se, mikä minulla silloin oli, mutta hän oli tukenani myös lapsuudessani, joskin vain rajoitetusti. Joten olin hieman dilemmassa hänen suhteensa. Eräänä kauniina kevätpäivänä toukokuun alussa kävelin eräänä sunnuntaina Tonavan kanavaa pitkin vanhoissa vaatteissani, istuin sitten penkille ja aloin kirjoittaa kännykkääni. Koska minulla oli jo tässä vaiheessa hyvin rajoittunut näkö kasvavien kaihien vuoksi, en nähnyt liikaa. Yhtäkkiä kasvoilleni paistava aurinko pimeni. Kun katsoin ylös, edessäni oli kaksi ihmistä, joista tuskin pystyin erottamaan. Eräs nainen kysyi minulta, uskonko Jumalaan esiteltyäni itsensä Annana. Hän esitteli myös toisen naisen, mutta en muista hänen nimeään. Se olisi lähetettävä etukäteen, että olisin välttynyt tällaiselta keskustelulta milloin tahansa. Tämä kysymys, johon en halua täällä vastata, johti puolen tunnin keskusteluun ja sanoi lopussa minulle: Kutsun sinut ensi lauantai-iltana klo 20. Kirjoitan sinulle Wolfgangin puhelinnumeron, jos jotain tapahtuu sillä välin. Mikä se oli? Kaksi naista, jotka olivat minua reilut 10 vuotta vanhempia, kutsuvat minut. He kertoivat minulle myös olevansa uuskatolisia, osa katolista kirkkoa eivätkä lahkoa. Okei, nyt minulla oli puhelinnumero tietyltä Wolfgangilta ja kutsu. Mitä sen pitäisi olla? Nyt makaan sängyssä joka ilta ja mietin tätä kutsua. Joten tämä lauantai koitti ja ajattelin, että minulla ei ollut rahaa, ja tietysti olin utelias, mitä se oli. Joten, kuten tavallista, lähdin kotoa aikaisemmin ja saavuin sinne 20. piiriin klo 19.30. Kun astuin saliin, jossa koko asian piti tapahtua, näin huoneen toisessa päässä miehen, joka pystytti kokoontaitettavia tuoleja. Kun hän näki minut ovella, hän tuli luokseni, ojensi kätensä ja sanoi olevansa Wolfgang. Vasta sitten tajusin, että tämän täytyy olla pappi, koska hän oli pukeutunut mustaan ylhäältä alas. Kun hän sitten kysyi nimeäni, olin hieman hämmentynyt ja aloin änkyttää ja sanoin: Nimeni on Eduard. Tämä nimi pysyi mielessäni jonkin aikaa, kunnes sain hänet kutsumaan minua Ediksi. Hän kysyi myös, voisinko auttaa häntä nojatuolien pystyttämisessä, minkä tietysti tein mielelläni. Nyt kello oli melkein 20 illalla ja odotin, että joitain vanhempia ihmisiä tulisi paikalle, noin 20 nojatuolia oli valmiina, joten istuin yhdelle niistä. Sitten huoneen toinen ovi avautui ja sisään astui noin 16-vuotias tyttö kitara selässään. Ajan myötä huone täyttyi ja huomasin olevani yksi vanhimmista. Kun koko homma alkoi hieman kello 20 jälkeen, minun piti tietysti esitellä itseni, mistä en ollut koskaan ennen tykännyt. Sitten kävi ilmi, että se oli eukaristia, jossa oli kaksi lukua ja evankeliumi Raamatusta. Mulla oli vielä takamuksessa, että isoäitini, joka oli katolinen, oli usein siirtänyt minut messuun katoliseen kirkkoon kouluaikanani ja ajattelin jo silloin, että se ei ollut minulle mitään, kaikki vanhat ihmiset rukoilevat. ja polvistua ja rukoile uudelleen. Mutta se oli hieman erilainen, eikä vain osallistujat. Yksittäiset osallistujat itse valmistelivat ja lukivat kaksi Raamatun lukua. Wolfgang, joka kuvaili itseään pappina, toimi vain puheenjohtajana ja hänen piti lukea evankeliumi ja analysoida sitten kaikki luennot saarnassa. Me kaikki osallistujat voisimme myös ilmoittaa, mitä vastaava luku olisi meille kertonut ja sen vapaaehtoisesti. Pidin myös siitä, että kitara ei ollut siellä vain katseltavaa, vaan että kappale oli aina intonoitu yksittäisten lukemien väliin ja me kaikki lauloimme sen mukana. No, tämä valmistui noin klo 22 ja minulle ilmoitettiin, että seuraavana tiistaina klo 20 olisi sanaliturgia. Lupattuani minulle tällaiset messut, palasin tiistaina. Minusta tuli sitten Neokathomenatin silloisen 10. yhteisön veli, jota myös harjoittelin seitsemän vuotta ja joka toi minulle henkilökohtaisesti paljon. Prosessi tässä yhteisössä oli aina sama, 3-4 henkilön tästä ryhmästä piti valmistaa vastaava liturgia tai eukaristia jollekin 3-4 henkilöstä kotona muutama päivä etukäteen ja sitten esitellä se sinä päivänä. Aina ei ollut helppoa löytää tarpeeksi osallistujia. Meillä oli myös yhteisösunnuntai kerran tai kahdessa kuukaudessa ja noin kahdesti vuodessa yhteisöviikonloppu hotellissa Ala-Itävallassa. Kun tulin tähän yhteisöön toukokuussa 2011, se oli ollut olemassa vain puoli vuotta. Toisin sanoen ette tunteneet toisianne kovin hyvin, mutta tämä muuttui vuosien varrella, kun valmistauduitte jatkuvasti jonkun muun kanssa ja näin ympäristön, jossa hän liikkui. Tuolloin ystävystyin kahden sisaruksen, Marian ja Giadan, kanssa. Maria syntyi Puolassa ja opiskeli Itävallassa, Giada oli nuori vaihto-opiskelija Caprilta / Italiasta, noin 20-vuotias. Olin tehnyt paljon heidän molempien kanssa, mutta Giada joutui palaamaan Italiaan kesällä 2012, kun hän puhui jo täydellistä saksaa. Minua Mariaan yhdisti se, että hän sietäytyi riippuvuudestani yhtä paljon kuin minä, ei kuitenkaan niin liikaa.

Huhtikuuta 2012 vankeustuomio

Joten 10. huhtikuuta ajoin tavarani kanssa 11. piiriin aloittaakseni vankeusrangaistukseni, koska niitä oli tullut vähemmän ja vähemmän. Tätä edelsi se, että kaksi kuukautta aiemmin minulla oli kaulassani toinen häätökanne, jonka täytäntöönpanopäivämäärä oli 10.5.2012. Joten minulla oli vähän aikaa vapautua asunnosta 20. kaupunginosassa. Maria ja kollegani, joiden luokse tulen myöhemmin, olivat minulle suureksi avuksi, koska olin tuolloin vangittuna. Kun saavuin säilöönottokeskukseen, minut etsittiin perusteellisesti ja laitettiin sitten suljetulle osastolle noin 10 neliömetrin selliin pareittain. Alussa minulle opastettiin, mitä minun pitäisi tehdä ja mitä ei, sekä kerrottiin, mikä osasto siellä on. Päivän aikana sisäpihalla oli vain tunnin kävelymatka sään salliessa. Ensimmäiset kaksi kuukautta minulla oli tietysti tarpeeksi aikaa, puhuminen toverini kanssa ei ollut aina helppoa, joten otin Raamatun ja luin sen alusta loppuun kaihista huolimatta. Kahden kuukauden kuluttua minut siirrettiin rentoon vankilajärjestelmään, jossa sai työskennellä pidätyskeskuksessa. Huoneessa oli 6-10 henkilöä, jotka olivat työskennelleet eri osastoilla. Mutta koska olen vapaudesta nauttiva ihminen, annoin itseni taas siirtyä ja päädyin ulkoilmaan. Se tarkoittaa, että nousen kello 4.30 ja ajoin 11. piiristä 14. kaupunginosan kasarmiin, jossa minut määrättiin puutarhanhoitoon muiden vankien kanssa. Koska elokuun heinäkuussa 2012 ei ollut oikein mukavaa seistä auringossa koko päivää, kaipasimme työn loppua klo 16. Sen jälkeen meidän piti olla takaisin pidätyskeskuksessa klo 18 mennessä. Seura, johon liityin vuotta aiemmin, antoi minulle valtavasti tukea sinä aikana. Tämä ilmeni siinä, että jokaisella vierailupäivälläni kolme nykyistä sisarustani tuli luokseni ja lohdutti minua. Koska minulla oli mahdollisuus viettää viikonloppua myös laitoksen ulkopuolella ulkoosaston kanssa, pääsin osallistumaan mm. yhteisösunnuntaihin. Tässä oli myös huomioitava, että kaikki sukulaiseni, mukaan lukien jotkut 4 serkun ja tädin ja enon muodossa, eivät ilmestyneet vierailuaikaan, en edes halua puhua veljestäni, koska hän tiesi, että minä istun. Lisäksi siskoni Maria painoi minua kovasti sovintoon vanhempieni kanssa, koska tein hänet syylliseksi siihen, missä olin nyt. Joten se tapahtui eräänä sunnuntaiaamuna, kun sain mennä ulos tähän keskusteluun kello 8. No, kyllä, he olivat molemmat kuolleita, mistä minun pitäisi puhua kivistä. Mutta koska hautausmaa oli lähellä pidätyskeskusta, nousin raitiovaunusta ja menin hautaan. Aluksi en tiennyt mitä sanoa, mutta sitten luulen puhuneeni heidän kanssaan noin puoli tuntia ja päädyin siihen, että kyyneleet valuivat pitkin poskiani. Kun palasin raitiovaunuun, tunsin oloni 10 kiloa kevyemmäksi. Siitä lähtien olen tehnyt rauhan vanhempieni kanssa, vaikka he olisivatkin vain kiviä ja huuliltani tulee taas paha sana vanhemmistani, minulla ei ole siihen oikeutta, minun pitäisi tehdä paremmin, mutta näyttää siltä, etten onnistunut joko, ainakin tähän asti. Eräänä aamuna, kun ajoin takaisin kasarmiin töihin, minulle tapahtui onnettomuus. Meillä oli mahdollisuus ruokailuun kasarmissa. Tämä tarkoittaa, että saimme syödä aamiaista, lounasta ja silloin tällöin ruokaa tölkkien muodossa illaksi. No, menin tavalliseen tapaan syömään aamiaista klo 6.30 ja syömään runsaan tuoreen sämpylän. Yhtäkkiä huomasin, että ylähammasni oli katkennut keskeltä. Niinpä illalla pidätystilassa järjestin hammaslääkärikäynnin sallimisen, koska purentani ei annettu. Minäkin sain sen ja minun piti jäädä laitokseen sinä päivänä. Ilmoitetaan etukäteen, että minulla ei ollut sairausvakuutusta pidätykseni aikana ja että mahdolliset hoitokustannukset katettiin oikeuslaitoksen budjetista. Niinpä tulin hammaslääkäriin, joka ei välttämättä ollut paras, mutta joka oli laskuttanut oikeuslaitosta paljon hampaideni korjaamisesta. Silloin kun olin jo rekisteröinyt sen, kaihi paheni niin paljon, että lopulta minulla oli vain 2% näkö. Tämä tarkoittaa, että minun piti saada kiinni reunakivestä jalkojeni avulla. Oletin virheellisesti, että tämä leikkaus voitaisiin tehdä myös säilöön olon aikana, mutta kaksi päivää vangitsemisesta vapautumisen jälkeen 12. joulukuuta minulla oli oikea silmä leikkaukseen ja viikkoa myöhemmin toinen.

Irtisanottu 10.12.2012

Sinä päivänä minut vapautettiin ja seisoin nyt kadulla noin 700 €, - visio 2%:sta ja surkeat omaisuuteni ja ilman kattoa pääni päällä. Mutta koska Werner-niminen veli oli tarjoutunut muuttamaan hänen kabinettiinsa 8. piirissä, kun olin pidätettynä, hyväksyin sen mielelläni. Hän sanoi vain, kunnes löysin jotain. Koska minulla oli nyt liikaa rahaa taskussa, se luonnollisesti kutisi, minulla ei ollut sellaista ulkonäköä pidätyksen aikana, vaikka se olisi todennäköisesti perustunut aikaan. Joten tapahtui niin kuin pitikin, jatkoin pelaamista ja hetken kuluttua veli Werner kysyi minulta, kuinka pitkälle asunnonetsintäni oli edennyt. Nähdessään, etten ollut panostanut siihen liikaa, hän esitti minulle oikeutetusti uhkavaatimuksen. Annoin senkin ohi, ja siksi minun piti hakea Wienin kunnalta kodittomien turvapaikkaa, jonka sain myös 16. kaupunginosassa yhdessä toisen kanssa 20 neliömetrin huoneessa. Mielikuvitukseni mukaan olin kuvitellut, että sinun ei tarvitsisi maksaa siitä mitään, mutta se oli virhe. Ei tietenkään vuokran summa, mutta ainakin se 160 €, jonka pystyin maksamaan alussa. Mutta ajan kuluessa se ei ollut enää mahdollista. Huolimatta sosiaalineuvojista, heidät pakotettiin poistamaan minut talosta. Mitä nyt? Työnantajani ja ystäväni Kamal tarjoutuivat majoittumaan yrityksensä kellariin, ilman wc:tä ja vettä, koska vuosi oli jo pitkällä ja talvi oli aivan nurkan takana, jouduin hyväksymään sen, tietysti toisen talon tietämättä. juhlia. En ollut siellä yksin, minulla oli myös lemmikkejä, kuten hiiriä, jotka juoksivat kasvoillani välillä nukkuessani. Se oli luultavasti aikaa, jolloin ajattelin vähintään kerran viikossa, mitä varten elän. En ollut saavuttanut mitään, päinvastoin, pilasin kaiken, 11-vuotiaana jouduin valehtelemaan pojalleni, että minun piti olla töissä Berliinissä ja siksi soitin hänelle vain kerran viikossa vankilasta. Itsemurha-ajatukseni olivat jo silloin äärimmäisiä. Tietysti myös veljeni ja sisareni paikkakunnalla tiesivät koko kurjuudesta, mutta he eivät myöskään voineet auttaa minua, vaikka se menisi katekettiin asti.

24.12.2014 loppu

Nyt oli joulu, samanlainen kuin aiempina vuosina. Nukuin kellarissa, minulla oli lemmikit mukana ja 20 € lompakossa. Elintarvikkeita oli vielä vähän, koska ajan myötä selvisin 6 eurolla päivässä ruoasta ja tupakasta. No, mitä teet näillä rahoilla, menet lähimpään pelihalliin ja summa oli mennyt. Tässä vaiheessa Wienin kunnassa päätettiin, että pieni onnenpeli lopetetaan 1.1.2015. Tarkoittaa, että kaikki koneet, joita syötin yli 30 vuotta, suljettiin, mutta vain Wienissä, ei Ala-Itävallassa. No, uusi vuosi tuli, Wienissä ei ollut enää koneita ja rahat olivat takaisin taskussani. Nyt minulla oli mahdollisuus nousta junaan, ajaa Wienin esikaupunkiin ja jatkaa näiden kauhojen syömistä. Mutta niin ei ollut, miksi en vieläkään pysty selittämään itseäni tähän päivään asti, mutta ei väliä, en varmasti kyseenalaista sitä. Toisin sanoen, runsaan 30 vuoden ja siitä aiheutuneiden vaikeuksien jälkeen paranin tästä riippuvuudesta 24. joulukuuta 2014. Siitä päivästä lähtien en ollut enää koskaan koskenut koneeseen. En tietenkään osannut vastata, mitä olin pelannut ajan mittaan, mutta oletan, että se oli ehdottomasti 7-

numeroinen summa. Toisin sanoen olin työlläni maksanut veroni voitto- ja arvonlisäveron kautta ja se ei ainakaan omalta osaltani ollut liian vähäistä, mutta en osaa arvioida, päätyikö tämä vastaaviin virastoihin, kuten verotoimistoon ja kuntaan. Mielenkiintoista oli, että kun minulla oli pakkoresidenssi vuonna 2012, minun ei tarvinnut soittaa ja tuskin vapaudessa, se jatkui taas. Miten se nyt meni? Helmikuussa 2015 etsin uudelleen paikkaa kodittomien tarhasta ja sain sen heti 16. piiristä. Nyt kaikki tapahtui nopeasti peräkkäin. Minua hoitanut sosiaalityöntekijä painoi minua kovasti, että sain yhteisasunnon. Maksu paikasta € 160, - ei ollut enää ongelma, joten ne maksettiin säännöllisesti. Koska esittelin jo tammikuussa 2013 yhteisasunnon, en todellakaan toivonut sen toimivan tällä kertaa. Vuonna 2013 he pyysivät minua vahvistamaan rekisteröinti- ja vuokrasopimukseni viimeisten kolmen vuoden ajalta. Pystyin täyttämään rekisteröintivahvistuksen, mutta en tietenkään pystynyt toimittamaan vuokrasopimusta. Väite, että olin Itävallan kansalainen ja syntynyt Wienissä, ei myöskään auttanut. Olin tuolloin niin raivoissani, että annoin itseni raivostua sanomalla, että tämä kielteinen huomautus pitäisi antaa minulle, koska tarvitsen tätä paperia tiettyyn paikkaan. No takaisin. Tämän kodin sosiaalityöntekijä pyysi minua tallettamaan taloon kuukausittain tietyn summan, jotta minulla olisi rahaa asuntoon lähtiessäni kotoa. 1.7.2015 sain 20. kaupunginosasta pienen 36 neliön asunnon, jossa asun edelleenkin. Mutta koska minulla ei ollut juuri lainkaan huonekaluja, jouduin ostamaan kaiken kiinteästä keittiöstä kaappeihin. Koska asunto on 5. kerroksessa, minua auttoi kämppäkaveri kodittomien tarhasta. Mitä tapahtui, peliriippuvuus oli poissa, minulla oli oma asunto, jossa ei ole vielä tänäkään päivänä vuokrarästiä ja ennen kaikkea lompakossani oli yhtäkkiä yli 10 euroa. Se oli upea tunne, eikä mikään ole muuttunut tähän mennessä. Toisin sanoen herätin itseni elämään, mitä se oli silloin, kun olin pelaaja, en välttämättä määrittäisi sitä siihen.

Helmikuu 2016 normaalia elämää

Vuoden 2016 alussa postilaatikkooni leimahti postikortti. Luin tämän ja huomasin, että se oli online-portaali, johon voit rekisteröityä ilmaiseksi. Kun se oli ilmainen, tein sen myös.

Koko juttu oli verkkosivusto, jossa oli reilu sata eri ryhmää kiinnostuksen kohteista riippuen. Koska olen aina ollut utelias henkilö, katsoin ryhmiä ja löysin noin 4-5 ryhmää, jotka puhuttelivat minua. Näistä kahdelle asetin toimintaa 50+ kerhoille ja 60+ kerhoille, mikä vastasi myös jäsenten ikää. Nyt 60+ Treff -ryhmän ylläpitäjä Helmut järjesti ravintolavierailut kahden viikon välein klo 18 illalla. Joka kerta eri ravintolassa. Koska en tiennyt menneisyydestäni mitään sellaista, oli ilo syödä siellä aina hyvin ja juoruilla noin 3-4 tuntia niiden 8-10 ihmisen kanssa, jotka olivat paikalla. Toinen ryhmä, 50+, oli minulle haaste alusta alkaen. Sitten järjestelmänvalvoja kirjoitti, unohdin nimeni, taas kerran 2 viikossa perjantai-iltana klo 18.00 tapaaminen 3. kaupunginosan torilla. Tässä ryhmässä ei kuitenkaan keskitytty ruokaan, vaan paljon enemmän yhteiskuntaan. Koska nämä tapaamiset eivät kuitenkaan olleet optimaalisesti organisoituja, näihin kokoontumisiin tuli vain kourallinen, mutta enempää ei ollut mahdollista, osastolla ei riittänyt enempää tilaa. Admin Helmut ryhmästä 60+ Treff teki tämän paljon tarkemmin kuolemaansa saakka vuonna 2019. Otin aina ystäväni Romanin mukaan molempiin tapaamisiin, koska hän oli tuolloin sinkku, mutta palaan häneen myöhemmin. Kuten sanoin, yli 50-vuotiaiden ryhmässä ei tapahtunut liikaa, joten tein aloitteen laittaakseni kokoukset verkkoon 2 viikon välein tämän ryhmän kautta. Ryhmässä oli tuolloin noin 100 jäsentä, joten mainostin tapaamista ruokapaikassa, en portaalin toribuffetissa. Aluksi tästä ryhmästä oli ehkä 7-8 henkilöä ja pääpaino ei tietenkään ollut ruoassa, vaan keskustelussa ja keskusteluissa. Oli mielenkiintoista, että jokaisessa heistä oli jatkuvasti enemmän naisia kuin miehiä paikalla 2 viikon välein. Tämä tarkoittaa toisinaan, että Roman ja minä olimme ainoat miehet. Mutta kun rakastin ympäröidä itseni naisilla, mikä oli myös minulle uusi kokemus, otin naiset vastaan sen mukaisesti. Se tarkoittaa suutelemista vasemmalle ja oikealle, missä sitten tajusin, että tällä oli vaikutusta keskustelun myöhempään laatuun. Alussa se oli hieman hankalaa, mutta ajan myötä kokouksiin tuli yhä enemmän. Myös tämän ryhmän jäsenmäärä nousi tasaisesti loppuun asti runsaalla 500 jäsenellä. Koska en ollut tämän ryhmän ylläpitäjä, oli tietysti vihamielisyys muita tämän ryhmän jäseniä kohtaan, muun muassa sillä argumentilla, että tämä oli kumppanivaihto, jonka laitoin takaisin verkkosivuille vastaavien kommenttien kera. Vuosina 2018 ja 2019 minulla oli ajatus, että pubiin ei välttämättä tarvitse mennä, vaan siellä on myös kulttuuria ja kevyttä urheilua. Jäsenet eivät välttämättä hyväksyneet näitä kokouksia. Se oli kabaree, keilailu, biljardi tai minigolf, joten ei mitään hienoja asioita. Vain noin 5-6 henkilöä tuli tällaisiin kokouksiin, joten palasin paikallisiin kokouksiin. Kun pandemia tuli vuonna 2020, meillä oli viimeinen tapaamisemme 3. piirissä helmikuussa. Muutamaa kuukautta myöhemmin Pamela ilmoitti minulle, ettei hän enää löytänyt ryhmää 50+ Treff verkkosivuilta. Mutta koska tällaisia tapaamisia ei voitu järjestää lukituksella ja muilla rajoituksilla, en huomannut tätä tosiasiaa. Tutkin asiaa ja totesin, että sekä ryhmä 60+ Treff, jolla ei kuitenkaan ollut toimintaa ylläpitäjän kuoleman jälkeen, että ryhmä 50+ Treff ja sen jäsenet oli poistettu tältä sivulta. Taustana oli, ja ilmeni jonkin aikaa aiemmin, että sen takana oleva ohjelmisto (väitetysti Ubuntu) oli kaatunut ja uusi ohjelmisto asennettiin tämän verkkosivuston kautta. Koska kutsun itseäni nyt ohjelmoijaksi, kirjoitin tälle yritykselle, tämän sivuston omistajille, noin kahdesti selvittääkseni, mitä siellä olisi tapahtunut. Vastaus oli, että joitain vanhoja ryhmiä ei voitu enää palauttaa. Tietenkin kommentoin myös, että tämä voidaan hyvin tehdä, mutta myös valtavilla aikakustannuksilla, koska tietojen on oltava saatavilla, sinun on vain luettava se ja lisättävä uuteen portaaliin.

Syksyn 2015 tanssitapahtumat

Ystäväni Roman, jonka olin tuntenut useiden vuosien ajan, kysyi kerran, voisimmeko mennä tanssimaan Wienin Eläkeläisyhdistykseen lauantaina, minkä teimme silloin. Ja niin kävimme tanssimassa joka lauantai-ilta joko 2. piirissä tai 20. piirissä, kunnes pandemia tuli vuonna 2020, eikä tapahtumia tietenkään enää ollut. En ollut tuolloin eläkeläinen, mutta mitä ihmettä, pidin siitä, vaikka en olisikaan ammattitanssija (toivoton tapaus).

Perhe

No kyllä, minulla oli se varmaan noin 10-11 vuotta, mutta kun menin sisäoppilaitokseen, suhde on varmaan heikentynyt, koska siellä halusin tai en, 90% päätöksistäni piti tehdä yksin. Näin tehdessäni tuskin kukaan oli puolellani neuvomassa. On myös kyseenalaista, olisinko hyväksynyt sen vai en. Lapsuudessani minulla oli hyvät välit viikonloppuisin kolmen serkkuni kanssa, jotka ovat minua hieman nuorempia, neljännen kanssa otin yhteyttä vain kahdesti, heidän omasta pyynnöstään. Tämä tarkoittaa, että näin kolme tyttöä 11. piirissä melkein joka viikonloppu. Mitä tulee veljeäni, olimme yksi sydän ja yksi sielu noin 16 vuoden ajan. Asia muuttui, kun hän sanoi, että hänellä on nyt vaimo. Kun hän oli noin 30–35-vuotias, hän vaati vanhemmiltaan käteisenä perintöään minun läsnäollessani Ala-Itävallassa. Taustana oli, että hän oli nyt naimisissa ja hänellä oli kaksi tytärtä ja hän sanoi, että hänen oli rakennettava olemassaolo täällä ja nyt Saksassa. Koska tämä pyyntö esitettiin fyysisellä voimalla, hän "sanoi hyvästit" runsaiksi 20 vuodeksi. Meillä ei ollut yhteyttä häneen ennen kuin isämme kuolemaa. Vielä tänäkään päivänä minulla ei ole häneen yhteyttä, enkä tiedä hänestä tai minusta missä asumme. Pojastani, joka on nyt 20-vuotias, on sanottava, että vuonna 2012 en voinut kertoa hänelle, että olen vangittuna, vaan että minun piti työskennellä ulkomailla, hän oli tuolloin 11-vuotias. Olimme kumppanini kanssa sopineet tästä, minulla oli hyvä suhde hänen kanssaan ainakin siihen asti, kunnes jouduin jäämään 11. piiriin, vaikka se olisi vain viikonloppuna. Koska kuitenkin mielestäni ex-kumppanini rakas sukulainen ilmoitti hänelle, missä minä todella olin vuonna 2012, huolimatta useista yrityksistä huhtikuun 2018 jälkeen, en ole ottanut yhteyttä, näin hänet viimeksi heinäkuun 15. 2017. Suhde äitiini oli oikeastaan vain hyvä elämäni ensimmäisinä vuosina, mutta koska olimme hyvin erilaisia luonteeltaan, se muuttui viimeistään sisäoppilaitoksen myötä, mutta se ei muuttanut sitä tosiasiaa, että seisoin. häneltä elämänsä viimeisinä vuosina. Mutta mikä minuun vaikutti kovasti ja huolestuttaa minua vielä tänäkin päivänä, että en voinut koskaan puhua isälleni, eikä hänkään luultavasti voinut puhua minulle.

Ystävät

Vuosien varrella minulla on varmasti ollut useita ystäviä, joita yritän luokitella tänne, vaikka minulla ei todellakaan ole siihen oikeutta, mutta kuten sanoin, näin minä asian näen. Parhaiden ystävieni joukossa olivat varmasti ne alaitävaltalaiset, joita minä olen tiesin jo 12-vuotiaana oppineeni. Koska he kuitenkin levisivät koko Ala-Itävallan liittovaltion alueelle, ystävyys päättyi noin 15-20 vuoden kuluttua. Mitä tulee wieniläiseen ystävääni, en vieläkään tiedä, miksi hän ei koskaan estänyt minua tulemasta riippuvaiseksi uhkapeleistä. Mutta haluaisin kiittää häntä siitä, että hän ei olisi voinut tehdä niin. Vuonna 2005 tai 2006 minulla oli ongelmia seisomatietokoneeni kanssa kaupassa ja koska rahat olivat yleensä tiukkoja, etsin tietokoneen korjausta, jonka löysin myös 20. kaupunginosasta. Siellä tulin kellaribaarin luo kahden kadun päässä. Kun näin Kamal-nimisen henkilön, tajusin, että sen täytyi olla arabi, ja puhuin hänelle sillä tavalla, koska olin ollut tekemisissä näiden ihmisten kanssa vuosia aiemmin. Hän vastasi arabiankielisiin sanoihini ja sanoi myös olevansa syntynyt Aleksandriassa, mutta nyt hän on Itävallan kansalainen. Vuotta tai kaksi myöhemmin hän muutti kaksi katua alakertaan ravintolaan pohjakerroksessa, jossa hän palkkasi minut jonkin aikaa myöhemmin, hän vastaa laitteistoista ja minä ohjelmistoista. Hän oli se, joka tarjosi minulle suojaa kellarissa sinä vuonna, kun minulla ei ollut sitä. Noin vuotta myöhemmin 20. kaupunginosassa myymäläämme tuli hieman vanhempi herrasmies, joka oli kuin kävi ilmi, että hän oli minua 20 vuotta vanhempi. Hän sanoi, että hänellä oli ongelmia oman web-sivustonsa kanssa, koska ohjelmistoa mukautettiin, hän ei enää tiennyt miten toimia, ja hän halusi lisätä muutamia asioita. Haluaisin ehkä nähdä mitä tein paikan päällä. Löysin sieltä melko suuren verkkosivuston, jota hän oli työstänyt itse vuosia, ja luin tieni siihen järjestelmään. Lopulta pystyin vihdoin korjaamaan keskusteluongelmat, joita hänellä oli uuden järjestelmän kanssa. Molemmista kohtaamisista syntyi ystävyys, joka jatkuu tähän päivään asti ja jota en myöskään haluaisi missata. Kyllä, yhteyksiä muodostettiin ryhmistä 60+ seurat ja 50+ seurat, mutta ne katosivat jälleen pandemian myötä.

Kumppanuudet

Ensimmäinen kumppanuus tutkimuskeskuksen kollegani kanssa tuotti minulle hieman pettymyksen, sillä olin hieman tyrmistynyt siitä, että hän oli pakottanut minut ja lapsen muuttamaan saman katon alle vanhempiensa kanssa, jolloin hänen isänsä hyväksyi minut erittäin hyvin, mutta hänen vaimonsa teki, jonka piti tietää kaikki, ärsytti minua hieman. Mitä tulee elämäni toiseen vaimoon, hän oli kiistatta elämäni nainen, muuten parisuhde ei olisi kestänyt yli 20 vuotta. Se, että se hajosi, huolimatta tuolloin 8-vuotiaasta pojasta, on luultavasti 95% minun syytäni. Olin vasta jälkikäteen huomannut, ettemme koskaan puhuneet itsestämme ja ongelmistamme, ja sitten, kuten teimme eron jälkeen, oli liian myöhäistä. Ehkä se olisi muuttanut jotain, jos olisimme puhuneet aiemmin. Minä en tiedä. Koska ryhmän 50+ Treff sanottiin olevan eräänlainen kumppaniportaali alusta asti, kun työskentelin tässä ryhmässä, niin se tapahtui niin kuin piti. Oli perjantai ennen helluntaita vuonna 2017, 8 vuotta sen jälkeen, kun Britta Ala-Itävallasta oli eronnut minusta. Meillä oli kokous siellä taas kerran baarissa ja sen pubipuutarhassa. Menin sinne tavalliseen tapaan ystäväni Romanin kanssa. Sitten tuli Pamela, 50+ Treff -ryhmän jäsen ja minua vuotta nuorempi, ja istui Romanin ja minun välissä. Illan mittaan minun ja Pamelan välillä syntyi yksittäinen keskustelu ja juttelimme ja nauroimme niin paljon, että en oikeastaan enää huomannut muita osallistujia. Samalla huomasin, että aina kun meillä oli jotain naurettavaa, hän taputti minua olkavarteen tai reiteen. Ilmoittauduin hyvin, mutta mitäs nyt, koska en ollut tässä suhteessa rohkein.

Mutta otin rohkeuteni ja kysyin häneltä, emmekö voisi tavata jossain helluntailauantaina mennäksemme kävelylle, minkä teimme myös seuraavana päivänä. Putosin pilvistä ja menin paikkakuntani yhteisöpäivään helluntaisunnuntaina. Mutta koska tällaisina päivinä oli aina tapana lyhyen rukouksen jälkeen puhua polusta ja omista kokemuksista sen kanssa ja että noin 20 ihmisen edessä, tietysti vapaaehtoisesti, aloitin hetken kuluttua. Kuten sanoin, olin 57-vuotias ja puhuin Pamelan kanssa puhelimessa ennen rakennukseen tuloa. Sanoin siis kärsiväni parantumattomasta sairaudesta, joka voi vaikuttaa keneen tahansa, ja muita kukkaisia lausuntojani. Katselin ympärilleni, enkä ymmärtänyt mitään, lukuun ottamatta järkyttynyttä kasvoja. Mistä minä puhuin? No, tietysti tuli kysymyksiä ja väitteitä, kuten: puhut kuin 16-vuotias ja yksi läsnäolijoista, 22-vuotias opiskelija, kysyi minulta: Edi oletko rakastunut, mitä tietysti minä ei voinut kieltää. Kuukautta myöhemmin, 15. heinäkuuta 2017, kuvittelin, että Pamela ja minä olimme pari, menin tapaamaan poikaani Ala-Itävallassa viimeisen kerran, mitä en silloin tiennyt. Koska hän pian tajusi, että olin liian innoissani, tunnustin hänelle, että elämässäni oli uusi nainen ja näytin hänelle myös kuvan hänestä, jota katuin jälkeenpäin. Tuolloin Pamela oli jo hoidossa Steiermarkissa. Kun hän palasi, sain tietää, että toinen 50+ Treff - ryhmän jäsen oli seurannut häntä tässä terveyskeskuksessa ja Pamela oli vienyt minut pois. Koska tämäkään mies ei välttämättä ollut seurallinen, tämä Georgin ja Pamelan välinen kumppanuus oli vain väliaikainen. No, kokouksia oli enemmän ja elokuussa 2018 tapaaminen pidettiin Heurigerissa 19. piirissä. Jotkut tämän ryhmän ihmiset sekä minä olin perustanut ryhmän Whatsappissa ja lähettänyt meille edestakaisin kuvia kaikkialta. Joten tänä perjantaina ryhmään tuli uusi nainen, nimeltä Anna, joka on kotoisin Puolasta ja jota on mukava katsella. Hän osasi nauraa hyvin sydämellisesti, mikä teki minuun suuren vaikutuksen. Hän liittyi myös ryhmäämme Whatsappissa ja teki sitten jatkuvasti hauskoja kommentteja, mikä antoi tälle ryhmälle sysäyksen. Eräänä päivänä syyskuussa 2017 hän julkaisi, että 22. piirin viinirypäleet olivat kypsiä ja että joku tästä ryhmästä ei voinut auttaa häntä rypälesadon kanssa. Hän oli varannut tälle päivän seuraavan viikonlopun. Vastaus tähän oli nolla. Niinpä ajattelin itsekseni, että miksipä ei, mene lukemaan viinirypäleitä ja varaa aika 22. piiriin. Löysin todella paljon rypäleitä, jotka poimimme päivän aikana ja jalostimme sitten siirappiksi ja mehuksi illalla. Mutta koska mikään ei "karannut" lauantai-iltana, aikaa kului ja meistä tuli sinä päivänä pari. Lokakuun puolivälissä, kuukauden kumppanuuden jälkeen, hän sanoi, että hän tunteisi olonsa mukavammaksi, jos hänet jätettäisiin yksin, mikä minun oli hyväksyttävä. Hyvä tai ei, sekin hajosi, mutta ryhmässä oli aina kokouksia ja niin marraskuussa 2017 3. piirissä. Siellä meitä oli noin 20 henkilöä, missä meillä oli tilaongelmia tässä ravintolassa. Kun koko juttu oli ohi noin kello 9, me, Roman ja minä, menimme kadulle, jossa seisoi kaksi naista, nimeltään Tine ja Julia. Yhtäkkiä Tine kysyi: Mitä me nyt teemme? Olin hieman hämmentynyt, koska en ollut odottanut tällaista kysymystä naiselta. No, menimme läheiseen kahvilaan ja viipyimme siellä noin tunnin. Sitten Tine sai tietää, että minulla oli kiire tietokoneiden parissa, ja hän kertoi minulle, voisinko korjata hänen tietokoneensa ongelman kotonaan, minkä hän luuli annettuaan osoitteensa 14. kaupunginosassa. Nainen oli noin kaksi vuotta minua vanhempi eikä välttämättä laiha. Tästä tietokoneen korjauksesta tai tästä vierailusta tuli enemmän, vaikka en välttämättä pitänyt siitä ulkonäön perusteella. Suurimman osan ajasta vietin hänen ja hänen kanssaan. Hänellä oli uusi asunto, mutta hän ei ilmeisesti tuntenut olonsa kotoisaksi siellä, niin pitkälle kuin ymmärsin, koska hänen piti aina mennä ulos ostamaan jotain tai vain mennä jonnekin, hän oli intohimoinen kuljettaja. Tänä aikana hän suihkutti minut vaatteilla ja muilla tavaroilla ja oli aina maksanut pubissa. Kun kysyin häneltä, etten halunnut sitä, koska minulla oli sillä välin tarpeeksi vaatteita laatikoissani, hän oli hieman hermostunut. Joten eräänä viikonloppuna hän ajoi sisarensa luo syvimpään Burgenlandiin ja soitti autosta matkalla sinne. Minulle se oli se, mikä rikkoi piipun. Hän oli päättänyt kaiken kuulematta minua ja sanoi, että hän voisi ostaa rakkauteni kasoilla lahjoja. Joten tämäkin jakso oli ohi. Kesällä 2018 menimme Roman kanssa tanssimaan 1. piirissä, molemmat sinkkuina, olimme tunteneet tapahtuman pitkään ja ennen kaikkea kaksi järjestäjää. Kun saavuimme perille, tilaa ei ollut juurikaan jäljellä, joten meidän molempien piti istua pöytään, jossa jo istui kaksi naista. Toisen nimi oli Graziella (osittain italialaiset vanhemmat), enkä valitettavasti muista toisen nimeä. Nyt kun istuimme saman pöydän ääressä, jouduin myös pyytämään naiset tanssimaan, joten Graziella ja minä istuimme pian vierekkäin ja hän kertoi minulle, että hänellä oli ongelmia tietokoneen kanssa. Tiesin kiistan tähän mennessä hyvin ja Graziella oli minua paljon vanhempi, mutta vahvisti silti, että näkisin sen hänen kotonaan 16. kaupunginosassa. Sielläkin tulos oli sama kuin Tinen kanssa, tulimme yhteen. Hänellä oli pitkäaikainen vuokrasopimus 17. kaupunginosassa pienellä talolla vastaavan suuressa puutarhassa, jossa ei voinut liikkua helposti valtavan määrän kasveja ja puita edessä. Lisäksi hänellä oli viiniköynnöksiä kattoterassin yläpuolella, jossa myös poimimme rypäleet ja sitten käsittelimme niitä, taas aha kokemus. Koska puutarhassa ei ollut mahdollista liikkua, se pätee myös talon sisätiloihin ja lopulta myös asuntoosi. Kumppanuus oli siksi ajallisesti rajoitettu. Itse en ole varsinainen siivoamisen hölmö, mutta haluaisin liikkua huoneessa, olin joka tapauksessa tarpeeksi ahdas vuonna 2012. Marraskuun 2018 alussa eräänä lauantaiaamuna aamiaisen jälkeen jätin tämän yhteyden kiire. Jouduin tässä vaiheessa syvään kuoppaan, kun jouduin miettimään, mitä tein väärin. 4 naista ja kaikkien kanssa se ei toiminut, oliko se minun menneisyyteni, oliko se minun "rikkauteni"? No, siellä oli toinen tanssitapahtuma marraskuun lopussa lauantaina 24. marraskuuta 2018 Ystäväni Roman suostutteli minut menemään tähän tanssiin 2. piirissä. Mutta minusta ei tuntunut siltä. Lopulta hän sai minut niin pitkälle. Istuimme pöydässä, jossa oli noin 8 henkilöä. Vastapäätäni näin blondin naisen, joka mielestäni oli iäkkään herrasmiehen seurassa. En ollut juurikaan tanssinut sinä iltana klo 18-21 elävän musiikin tahdissa. Loppua kohden kyseinen nainen palasi pöytään ja sanoi Romanille ja minulle, emmekö halua tanssia siellä ollenkaan. Olin ymmärtänyt tämän lausunnon vain huonosti, enkä siksi reagoinut. Roman hyppäsi heti ylös ja meni tanssimaan hänen kanssaan. Nyt tämä tapahtuma oli ohi ja menimme vaatehuoneeseen. Yhtäkkiä tämä nainen, nimeltä Ully, seisoi vierelläni ja kysyi: Oletko menossa kanssani, ja tällä tarkoitan Romania ja minua. Kun oli lauantai-ilta eikä myöskään myöhäistä, en halunnut lähteä mukaani, ja kerroin sen myös Romanille. Hän myös suostui ja niin pitkän etsinnän jälkeen noin 8 ihmistä päätyi baariin 1. piirissä. Ennen kuin hän meni vaatehuoneeseen, hän antoi Romanille matkapuhelinnumeronsa, jonka rekisteröin vain vähän. No nyt istuimme Ullyn viereeni tässä baarissa ja Roman piti luennon shamanismista ja energetiikasta. Illan aikana kävi ilmi, että Ully ei ollut tullut iäkkään herrasmiehen, vaan ystävänsä Monikan kanssa. Heti kun rekisteröin tämän, olin hieman hämmentynyt, mistä pidin naisessa. Nyt Romanilla oli hänen numeronsa, mutta en voinut pyytää sitä. Niinpä otin ravintolasta käyntikortin ja kirjoitin puhelinnumeroni takapuolelle. Kun lähdin ravintolasta, annoin hänelle tämän kortin, jonka valitettavasti myös Roman huomasi. Joten olin paholaisen keittiössä ja Ullylla oli kaksi matkapuhelinnumeroa Romanilta ja minulta. Seuraavana päivänä, sunnuntaina, odotin mitä tapahtuu. Aamulla ei tapahtunut mitään, mutta kello 2 kännykkä oli ja Ully oli linjalla. Hän kysyi minulta, emmekö voisi mennä edes kahville. Vastaukseni tähän: Välittömästi ja välittömästi - sinulla on lähetyskatkos. Kyllä, hänen on vielä korjattava jotain ja hän soittaa minulle takaisin noin tunnin kuluttua. Mutta ei mennyt tunti, vain puoli tuntia ja tapasimme kahvilassa 20. kaupunginosassa. Sitten menimme siellä elokuvateatteriin ja koska se ei riittänyt, menimme myös 1. kerroksen loungeen. Kerroin hänelle, kuten olin siihen tottunut, kaiken menneestä elämästäni, mikä ei välttämättä ole tuottavaa. Yhtäkkiä hän kääntyi minuun ja suuteli minua poskelle. Siitä lähtien olemme olleet pariskunta, vaikka ikäeroa onkin muutaman vuoden verran. Miksi? Koska uskon, että hän on paras neljästä aiemmasta naisesta.

Uuskatolinen loppu

Kun liityin stipendiin tai polkuun vuonna 2011, oli alusta asti selvää, että tämän polun kulkeminen vie noin 30 vuotta. Nyt vuonna 2017 tänä helluntaiviikonloppuna jouduin tekemään kokemukseni siitä, mitä kumppanuuden tulkinta tällä tavalla tarkoittaa ja siksi jäin hieman mietityttämään. Kun sisareni Maria yhteisöstä riisti henkensä huhtikuussa 2018, 7 vuoden kuulumisen jälkeen, päätin lopettaa polun ja tein saman toukokuussa 2018 vesperissä vainajan puolesta. Ajatukseni tässä suhteessa oli, että en enää voinut olla samaa mieltä joistakin väitteistä matkan varrella. Tämä koski tietysti kumppanuuksien tulkintaa sekä uskon elävöittämistä. Olenko nyt uskovainen vai en: Tähän kysymykseen ei voi enkä halua tässä vastata, ennen kaikkea voiko yksittäinen yksilö itse? Omalta osaltani yritän nyt elää uskossa seurakunnan erottuani. Siitä lähtien olen edelleen ollut yhteydessä Jumalaan, vaikka se ilmaistaankin vain hiljaisissa rukouksissa hänen kanssaan.

Asiakkaat

Elämäni aikana minulla on varmasti ollut useita satoja asiakkaita, joita suhtaudun aina kunnioittavasti ja kohteliaasti, olivatpa he kotimaisia tai ulkomaisia. Mitä tulee asiakaskuntaan silloin, kun myin sanoma- ja aikakauslehtiä, minulla on ollut useita negatiivisia kokemuksia. Koska 99% heistä oli aina ulkomaalaisia, minun ei tarvinnut edes katsoa rahojani, koska ihmiset olivat lähteneet kotimaahansa ja jättäneet huomiotta vaatimukseni. Asiakkaani, jotka olen jo täysin erilainen tietokonealalla, ovat aina iloisia, kun he soittavat minulle. Tiedät, että en lepää ennen kuin ongelma on ratkaistu, ja se voi viedä aikaa. Mutta en muista asiakasta ohjelmiston luomisen ajalta. Tämä asuu Saksassa, mutta on eri syntyperää. Hänen kolme yritystä ovat hammaslääkäriasema, hammaslaboratorio ja hammashoitola. Syksyllä 2010 hänen työntekijänsä hammashoitolasta tuli myymäläämme. Taustana oli, että laskentaohjelma ei enää toiminut ja hän kysyi, voisinko korjata sen. Koska tällä miehellä ei välttämättä ollut kaupallista tietämystä, huomasin, että tätä ohjelmaa ei voitu enää tallentaa. Nyt olin huomannut, että koko juttu koostui pohjimmiltaan kolmesta yrityksestä, joilla oli monenlaisia lähestymistapoja. Näin ollen osana yritystämme 20. piirissä loimme tarjouksen kaikille kolmelle yritykselle, joilla on talous- ja varastolaskenta, avoin nimikehallinta. Asiakkaiden ja toimittajien puhelunhallinta ja paljon muuta. Esitin tämän pomolle ja hän alkoi hyväksyä tämän tarjouksen yksittäisiä osia ja hylätä muita. Mutta koska minulla on aina kunnianhimo luoda kaikki 100%, niin oli myös tässä tapauksessa, ja tietysti myös sen suhteen, että päätettiin hyväksyä toinen osa tarjouksestamme. Mutta koska ohjelmisto ei ole staattinen, ohjelmaa mukautettiin usein. Joten menin hänen hammastukkuliikkeensä luokse jopa neljä kertaa viikossa tekemään tämän, joka kerta kiitoksena seitsemästä vuodesta. Koska paikalla olleet työntekijät eivät välttämättä olleet kauppiaita, he eivät voineet tehdä vuosiinventaariota. Tämä tarkoittaa sitä, että vuoden 2017 inventaarioon asti tein tämän paikalla olevien ihmisten avulla. Mutta koska tiedän kaupallisesta kokemuksestani, että jotain tällaista pitäisi tehdä enintään kahden päivän kuluessa, minulla oli vaikeuksia tässä suhteessa. Viimeinen inventointi valmistui vaiheittain kahden viikon sisällä. Etukäteen sovittiin, että toimittamamme lasku maksetaan kolme kertaa. Ensimmäinen osasumma kolminumeroisella euromäärällä on maksettu, loput on vielä auki. Asiakkaan argumentti oli, että ohjelmani ei toimi, mikä on pohjimmiltaan ristiriidassa itsensä kanssa. Toisaalta ohjelmisto toimi moitteettomasti seitsemän vuotta ja toisaalta sitä käytetään edelleen ja on ollut käytössä jo neljä vuotta. Joten palasimme hyvään 4-numeroiseen. Jopa maksumääräyksellä uhkaava lakimiehen kirje jäi huomiotta. Nykyisistä asiakkaistani, joista pidän huolta osana liiketoimintaamme, haluan sanoa, että he ovat minusta täysin innostuneita, koska he tietävät, mitä he saavat minulta. Toisaalta tämä ei ole vain nopea ajanvaraus, vaan myös asiakkaan tieto, että en luovuta ennen kuin löydän ratkaisun. Voi hyvinkin olla, että se vie aikaa, mutta olen myös iloinen joka kerta, kun näen sen toimivan.

Jatkaa

Lukijana saatat nyt ajatella, että olet lukenut, että tämä ei ole elämää. Kyllä, voi olla, mutta kuten jo mainittiin, ne olivat vain minun päätöksiäni, olivat ne sitten oikeita tai vääriä, ne voidaan aina määrittää vain jälkikäteen. Joten seuraava kysymys herää, olenko onnellinen. Mutta koska tämä on puhtaasti subjektiivinen arvio, jokainen vastaisi tähän eri tavalla. Olen iloinen. Miksi? Kun ajattelen riippuvuuteni aikaa, se ei todellakaan ollut sitä, mitä kutsutaan elämäksi, joten olen iloinen, että selvisin tästä ajanjaksosta. Vielä ei ole selvää, kuinka onnistuin siinä silloin, mutta olen iloinen, että selvisin siitä ajasta. Se, olenko tyytyväinen, kuten muotoilin sen ensimmäisessä kirjassani, jää vaille vastausta. Syynä tähän on se, että lähin ystäväni erosi minusta omasta pyynnöstään reilun 10 vuoden jälkeen, mitä en vieläkään ymmärrä. En tiedä mitä muuta elämä on valmistanut minulle, mutta mitään muuta ei voi tulla, mikä ravistaisi minua.